本书由广西一流学科民族学建设经费资助出版

乡村振兴背景下
民族地区社会发展与变迁

立足田野的社会学研究

黄雁玲　梁晓娟　王　雪　等◎著

暨南大学出版社
JINAN UNIVERSITY PRESS
中国·广州

图书在版编目（CIP）数据

乡村振兴背景下民族地区社会发展与变迁 ： 立足田
野的社会学研究 / 黄雁玲等著. -- 广州 ： 暨南大学出
版社，2025. 6. -- ISBN 978-7-5668-4151-3

Ⅰ. D633

中国国家版本馆 CIP 数据核字第 2025JK8643 号

乡村振兴背景下民族地区社会发展与变迁——立足田野的社会学
研究

XIANGCUN ZHENXING BEIJING XIA MINZU DIQU SHEHUI FAZHAN
YU BIANQIAN——LIZU TIANYE DE SHEHUIXUE YANJIU

著 者：黄雁玲 梁晓娟 王 雪 等

出 版 人：阳 翼
责任编辑：曾小利
责任校对：刘舜怡 黄子聪
责任印制：周一丹 郑玉婷

出版发行：暨南大学出版社（511434）
电　　话：总编室（8620）31105261
　　　　　营销部（8620）37331682 37331689
传　　真：(8620)31105289（办公室） 37331684（营销部）
网　　址：http：//www.jnupress.com
排　　版：广州尚文数码科技有限公司
印　　刷：广州小明数码印刷有限公司
开　　本：787mm×960mm 1/16
印　　张：10
字　　数：180 千
版　　次：2025 年 6 月第 1 版
印　　次：2025 年 6 月第 1 次
定　　价：49.80 元

前　言

　　党的十九大提出了实施乡村振兴的重大战略，乡村振兴成为我国的重点工作；党的二十大再次对全面推进乡村振兴作出了重要部署，相关的政策和措施在广大农村各个领域有序展开。全面推进乡村振兴成为新时期中国特色社会主义的重要战略任务。我国民族地区集中在"老少边山"，经济社会发展相对滞后，乡村振兴任务更加艰巨。如何推进农业农村现代化，实现民族地区乡村的全面发展，需要进一步深入探讨。之前笔者的研究兴趣和重点是少数民族传统文化和民族地区乡村治理。自党的十九大明确提出乡村振兴战略以来，笔者便开始思考如何将原有的研究方向与乡村振兴战略结合起来，开拓新的研究。笔者与研究生们交流探索，查阅文献，进行田野调查，参加学术会议，反复地学习和思考，在深入田野调查的基础上撰写了乡村振兴相关主题的论文。现将我们的论文结集出版，作为对这段时间田野工作和学习时光的纪念。

　　《乡村振兴战略下广西乡风文明建设现状及推进对策研究——以武宣县和律村与风沿村的调研为基础》一文是笔者承担的 2021 年度广西社科界智库重点课题（项目编号：Zkzdkt - 16）的结题报告，以来宾市武宣县和律村与风沿村的田野调查为基础，对广西乡风文明建设的现状进行了研究，发现：通过党建引领、多元化产业发展、狠抓文化设施建设、村规民约除陋习、广宣传重实践等举措，广西乡风文明建设成效显著，但仍存在村屯之间发展不平衡、基础设施不完善与闲置并存、乡村文化资源挖掘力度不够、专业人才匮乏等问题。为进一步推进乡风文明建设，结题报告提出多渠道筹措乡风文明建设资金、深挖乡村优秀传统文化、统筹实施乡村优秀人才发展计划、充分尊重农民意愿以激发他们的参与热情等对策建议。

　　2018 级社会学专业硕士研究生梁晓娟一直关注家乡龙胜镇（属桂林市龙胜各族自治县）的教育情况，以《乡村振兴战略下民族地区农村义务教育发展研究——以龙胜各族自治县龙胜镇为例》为毕业论文题目，基于乡村振兴战略，主要运用观察法和访谈法对龙胜镇农村义务教育的发展情况进行深入调查和研究。她研究发现，龙胜镇在农村义务教育发展上取得了不小的成就，九年义务教育得到全面普及，教育信息化程度逐渐提高，学校办学条件也有所改善。但仍存在教育资源配置不均衡、教师队伍结构不合理、学生学习积极性不高等突出问题，既有学校、教师和学生方面的原因，也有社会和家庭的原因。其研究对乡村振兴战略下推进民族地区农村义务教育发展的建议是：抓住乡村振兴战略机遇，加快民族地区农村经济发展；地方政府加大对民族地区农村义务教育的扶持力度，加强民族地区乡村师资队伍建设等。

笔者和2021级硕士研究生傅禹宁合著的《民族地区优秀传统文化推进乡风文明建设的内在逻辑与实践路径——基于广西乡风文明建设示范村的调查》一文，基于对广西乡风文明建设示范村的调查研究，认为利用优秀传统文化推进乡风文明建设，是推动民族地区实现乡村振兴和中国式现代化的重要途径。在历史逻辑上，优秀传统文化推进乡风文明是中国农村百年建设经验的深刻凝练。在理论逻辑上，优秀传统文化推进乡风文明是马克思主义基本原理同中国具体实际相结合的体现。在现实逻辑上，优秀传统文化推进乡风文明符合人民对美好生活向往的价值追求。在实践路径上，优秀传统家庭伦理的弘扬有助于家风建设；践行"和合"文化对构建农村和谐社会有积极的推动作用；利用乡贤文化有助于带动村民的自发性；积极利用乡村习惯法的合理成分，有利于推进乡风文明建设。

笔者与2022级硕士研究生李小妹合著的《红色文化推进乡村振兴的实践价值——基于钟山县英家村的田野调查》一文，是通过对钟山县（属贺州市）英家村的深入调查形成的研究成果。研究认为：乡村振兴是解决"三农"问题、减少城乡差距的重要战略；在扎根乡村过程中，合理利用乡村红色文化资源，发挥红色文化中所蕴含的文化、精神价值，可以培养乡村建设人才、深化产业融合、培养政治建设人才，建设乡风文明、生态宜居的乡村，激发红色文化动能，促进乡村经济、文化、生态等方面发展，进而全面推动乡村振兴事业的进程。

2015级社会学硕士研究生王雪以其家乡吉林省松原市前郭县的农村妇女家庭地位变迁为研究主题。研究发现：东北地区自改革开放以后农村妇女的家庭地位整体上高于改革开放前，并且呈现不断上升的趋势。在农村妇女家庭自主地位方面，当前女性在选择配偶和生育子女数量方面尽可能符合自身意愿。在发展自身方面，女性有了更多的时间和空间。在家庭决策地位方面，女性拥有了更多的决策权，主要负责决策家庭中的日常事务，对于家庭中的重大事项决策和公共事务决策也有了参与的权利，有些能力强的女性对家庭中的重大事项和公共事项决策可以提出有效的建议。在农村妇女家庭财产支配地位方面，绝大部分家庭是女性掌管家庭收入，支配家庭收入由夫妻二人共同决策，在这个支配的过程中女性也会提高自身支配家庭收入的比例。在家庭劳动分工地位方面，女性参加家庭生产劳动量下降，家庭的家务劳动分工走向平权模式。以上农村妇女家庭地位变迁的原因主要包括我国政府出台的一系列政策，我国经济社会的不断发展和国民文化素质的提高，以及当前人们社会观念的转变。但是实质上，在依靠体力劳动为主的东北地区，"男强女弱"的传统思想依旧具有一定的群众基础，妇女家庭地位的提高依旧任重道远。

在广西民族大学民族学与社会学学院的大力支持及民族学一流学科建设经费的大力资助下，本书得以顺利出版。感谢学院领导和老师们的支持与帮助！感谢出版社编辑的辛勤劳动！虽做了大量校订工作，但本书仍可能存在不足之处，敬请读者批评指正。

黄雁玲

2025 年 1 月

目　录

乡村振兴战略下广西乡风文明建设现状及推进对策研究[*]
——以武宣县和律村与风沿村的调研为基础

黄雁玲^{**}

一、研究背景

"乡风就是乡村的风气，是特定乡村内人们的信仰、观念、操守、爱好、礼节、风俗、习惯、传统和行为方式的总和，且在一定范围和一定时期内被村民效仿和传播。"① 乡风文明是对传统乡风的传承与创新，是乡土风气的进步状态，是乡村社会优秀文化的重要组成部分。乡风文明建设一直是我国农村发展战略的重要内容，早在 2005 年，党中央就提出"生产发展、生活宽裕、乡风文明、村容整洁、管理民主"② 的新农村建设总要求。2017 年，党的十九大提出的乡村振兴战略进一步强调了乡风文明的重要地位，提出"产业兴旺、生态宜居、乡风文明、治理有效、生活富裕"③ 的总要求。2018 年中央一号文件强调："乡村振兴，乡风文明是保障。"④乡风文明既是乡村振兴战略的要求，也是乡村振兴的保障，它一方面为乡

---

　* 此文为 2021 年度广西社科界智库重点课题"乡村振兴战略下广西乡风文明建设现状及推进对策研究"（项目编号：Zkzdkt‑16）的结题报告。

　** 黄雁玲，广西民族大学副教授，硕士生导师，研究方向为民族社会学。

　① 徐学庆. 乡村振兴战略背景下乡风文明建设的意义及其路径 [J]. 中州学刊, 2018 (9)：71‑76.

　② 中共中央关于制定国民经济和社会发展第十一个五年规划的建议（辅导读本）[M]. 北京：人民出版社, 2005：8.

　③ 乡村振兴战略规划（2018—2022 年）[M]. 北京：人民出版社, 2018：3.

　④ 本书编委会. 中共中央国务院关于实施乡村振兴战略的意见 [M]. 北京：人民出版社, 2018：2.

村振兴的推进提供物质支持和精神支撑，另一方面为乡村振兴工作营造良好的社会环境。① 在推进乡村振兴战略工作中，各级党委政府非常重视乡风文明建设，农村的基础设施更加完善，村民的文化生活更加丰富，国民的思想文化素质有了较大提升，社会风气明显好转，党领导的乡风文明建设事业取得了很大成就。但是，当前的乡风文明建设成效与乡村振兴战略要求相比，还存在着较大差距，有待进一步落实和研究。

来宾市武宣县的桐岭镇和律村与东乡镇风沿村都是全国文明村，其乡风文明建设非常具有代表性。通过深入的实地调查，笔者根据和律村与风沿村乡风文明建设的现状，总结乡村振兴战略下广西乡风文明建设的成功经验，分析存在的问题及原因，探讨推进乡风文明建设的思路和对策建议，这不仅丰富了乡村振兴战略的理论成果，而且对于我国乡风文明建设也有重要的实践意义。

二、研究方法和调研点概况

本研究主要采用实地调查的方式，深入田野，通过深度访谈、实地观察和查阅相关文献等方法获取第一手资料。为了更加全面、客观地了解和律村与风沿村乡风文明建设的现状，课题组于 2021 年 10 月至 2022 年 7 月先后 3 次实地走访武宣县和律村与风沿村。在访谈中，访谈对象有 3 类，分别是乡镇干部、村支两委人员、普通村民。我们首先访谈桐岭镇相关领导干部，了解该镇概况，尤其是精神文明建设的概况，同时，桐岭镇干部帮忙联系了和律村村委和风沿村村委，然后我们通过村干部了解该村概况和乡村文化建设的基本情况，再在村干部的牵线下上门访谈普通村民。实地观察中，通过对和律村与风沿村的文化设施、规章制度、村容村貌、文体活动、文化遗存的观察和存在的记录，了解乡风文明建设的现状和存在的问题。我们还查阅了这两个村的村史和统计报表等相关资料。

（1）和律村概况。

和律村是来宾市武宣县桐岭镇下辖的行政村，为镇乡接合区，位于桐岭镇中南部，是一个较大型的行政村，由塘莲、雅度、龙干、福隆、人

---

① 赵璐. 乡村振兴背景下乡风文明建设的价值、障碍与破解 [J]. 农业经济，2021（12）：29 – 31.

和、司律、王官 7 个自然村（屯）组成，和律村党群服务中心设在塘莲屯
（图 1）。和律村是一个具有浓厚民族风情的壮族聚居村落，有着许多独具
民族特色的习俗，诸如五色糯米饭、舞狮、龙鱼舞等。现有 1 714 户共 6
828 人。2016 年，和律村被认定为广西"十三五"贫困村。和律村地处广
西中部中心位置，近北回归线，土地肥沃，雨量充足，日照充分，全村耕
地面积有 7 608 亩，其中水田占 3 567 亩，旱地占 4 041 亩。① 和律村是一
个农业村，主要种植水稻、哈密瓜、火龙果、金橘、黑冬瓜等。近年来，
和律村党支部探索出了一条"支部建在产业链，党员聚在产业链，群众富
在产业链"的抓党建促脱贫攻坚、促乡村振兴的路子。在各级领导和村委
的努力下，和律村经济水平和社会文明程度都明显提高，不但 2018 年整村
脱贫摘帽、2020 年全部贫困户脱贫摘帽，还先后获得"全国一村一品示范
村""全国乡村特色产业亿元村""全国脱贫攻坚先进集体""全国村级
'文明乡风建设'典型案例""广西乡村风貌提升精品示范型村庄"等荣
誉称号，村党委（党总支于 2020 年 12 月升格为党委）先后获评广西壮族
自治区五星级基层党组织。

图 1　和律村党群服务中心（笔者摄于 2022 年 2 月 5 日）

（2）风沿村概况。

风沿村地处武宣县东乡镇北部山区，距武宣县城约 25 千米，下辖上龙

---

①　资料来源：笔者 2022 年 7 月 15 日在和律村新时代文明实践广场对该村党委书记韦恒焦的
访谈。

村、下龙村、上风沿村和下风沿村 4 个自然村，12 个村民小组，2020 年年底全村 523 户共 2 024 人。风沿村是多民族行政村，居住着汉族、壮族、苗族、黎族、瑶族、布依族 6 个民族，其中壮族人口约占 26%。风沿村地处大瑶山余脉，地形复杂，山高坡陡。水田和旱地面积 2 650 亩，宜林宜果面积 18 600 多亩，山林耕地多，主要种植柚子、桉树和水稻。村里没有学校，小孩要到东乡镇上学。近年来，在各级党委政府的领导、广西壮族自治区审计厅的结对帮扶下，风沿村通过发展红心柚产业和旅游扶贫产业，经济有了很大发展，2017 年实现整村脱贫摘帽。风沿村紧抓乡风文明建设工作，建成百姓大舞台（图 2）等文化娱乐设施，基础设施逐步完善，村民思想道德水平和村容村貌都有了很大提高，2017 年被评为来宾市"特色文化村""宜居乡村综合示范村"；2018 年被评为全国"一村一品"示范村镇；2019 年荣获"'美丽广西'乡村建设示范村"称号并入选第一批"国家森林乡村名录"，风沿村红心蜜柚种植基地被广西壮族自治区妇女联合会认定为"全区巾帼脱贫示范基地"；2020 年被评为广西壮族自治区第十七批文明村镇、自治区卫生村、第六届全国文明村镇，"风沿柚获"（核心）示范区被评为广西现代特色农业（核心）示范区（三星级）；2021 年被评为第二批"来宾市民族团结进步示范村"。①

图 2　风沿村百姓大舞台（笔者摄于 2022 年 7 月 19 日）

---

① 资料来源：风沿村党支部书记巫贵球口述和第一书记袁世政 2022 年 7 月 17 日提供的《和谐发展共富共荣　为民族团结进步保驾护航：来宾市武宣县东乡镇风沿村民族团结进步创建经验材料》。

三、乡风文明建设的实践及成效

乡风文明，是乡村振兴的紧迫任务，重点是弘扬社会主义核心价值观，保护和传承农村优秀传统文化，加强农村公共文化建设，开展移风易俗，改善农民精神风貌，提高乡村社会文明程度。[①] 实施乡村振兴战略以来，和律村与风沿村在乡风文明建设方面都采取了一系列措施并取得显著成效。本课题组通过实地调查、分析发现，两村庄的乡风文明建设主要围绕以下五方面进行。

（一）党建引领，聚力树新风

"火车跑得快，全靠车头带。"加强基层党组织建设，引领推动乡风文明建设，具有全局性、协调性等特点，是当前广大农村广泛运用的一种方式。[②] 和律村和风沿村乡风巨变不是偶然的，是强化农村基层党组织能力、结合自身特色和优势、凝心聚力引领的结果。

和律村坚定"党委领航、党员领头"的思路，卓有成效地推进乡风文明建设。2016 年，和律村党总支在上级党委的领导下，实施党员"分类管理·评分定星"的办法，即按照党员的年龄、行业、身体状况、居住情况等，将全村党员分为五个类别：创业类、管理类、老弱类、外出类、其他类。和律村的党员分类管理在武宣县是首创，充分发挥了各个类别党员在乡风文明建设中的作用。同时，和律村先后组织各类党员代表前往吉林、广东、贵州等省份和南宁市等地考察学习，统一思想、提高认识，有效提高了党员工作积极性，增强了党组织的凝聚力及影响力。2020 年 5 月和律村党总支获得广西壮族自治区"五星级基层党组织"称号。

和律村主要从以下四个方面引领乡风文明建设。一是党规引领村规。和律村坚持"党委领航、党员领头"的思路，发挥党组织的战斗堡垒作用和党员模范带头作用，制定党员"治陋习、树新风"相关规定，从党员抓起，以党建引领村规民约的制定，以党规引领村规。二是党风引领民风。

---

① 习近平. 习近平谈治国理政：第三卷［M］. 北京：外文出版社，2020：259.

② 赵廷阳，张颖，李怡欣. 乡村振兴背景下的乡风文明建设：基于全国村级"乡风文明建设"典型案例分析［J］. 西北农林科技大学学报（社会科学版），2021（3）：46-53.

和律村历来重视家风建设，将其作为党风廉政建设的一部分来抓，实行党员带头立家规，然后依据就近就亲的原则，每名党员结对若干非党员家庭，发动和引领村民立家规家训。和律村全村 1 714 户家庭，有 1 500 多户家庭有了家规、家训。常年外出打工的村民 WZC 打算给年逾古稀的父亲大办一场祝寿宴，老党员父亲知道后不但不同意，还给他上了一堂移风易俗教育课。正是许许多多像 WZC 父亲这样的老党员模范带头，和律村的好家风才能代代相传。三是党建引领产业。和律村探索推行"支部建在产业链、党员聚在产业链、群众富在产业链"的乡村振兴产业发展路子（图 3），激发党员创业热情，带领群众发家致富。四是党建引领志愿服务。和律村充分发挥党员的引领作用，通过党员带头组建了 9 个志愿服务队，如"小喇叭"政策宣讲队、"文明守法"群众宣传队、"小保姆"服务队等，志愿者达 190 多人。①

图 3　"三链模式"宣传墙（笔者摄于 2022 年 7 月 16 日）

风沿村近年来紧紧围绕乡村振兴，坚持党建引领，积极推进文明村建设。与和律村一样，风沿村党总支也实施党员"分类管理·评分定星"的办法，充分发挥村党总支的战斗堡垒作用和党员的模范带头作用，切实推

---

① 资料来源：和律村第一书记陈三员 2022 年 7 月 15 日提供的《党建聚力移风易俗　文明助推乡村振兴：武宣县桐岭镇和律村文明乡风建设典型经验》。

进乡风文明建设。凤沿村山多地少，过去广泛种植速生桉。村干部看到其他地区种植红心蜜柚丰产增收后，决定改变村产业结构，将速生桉改种红心蜜柚。为转变村民观念，让村民种植红心蜜柚，凤沿村党总支带领群众到福建等地的红心蜜柚基地参观。凤沿村实行党建和产业发展有机结合，以"支部带动产业，党员带动农户"的模式发展红心蜜柚产业，党员率先行动，砍掉速生桉，种植红心蜜柚。目前凤沿村97%的农户参与种植，红心蜜柚成为该村农业发展的支柱产业。随着红心蜜柚产业规模的扩大，以巫贵锋为代表的党员结合凤沿村的实际情况，积极探索蜜柚种植"土经验"，并通过各种途径传授给群众，推动村民共同富裕。在党建引领下，凤沿村红心蜜柚种植规模不断扩大，产量不断增长，为乡风文明建设提供了物质保障。

（二）多元化产业发展，夯实乡风文明建设根基

近年来，和律村创新采取股份制合作模式，通过招商引资，建成了"千亩哈密瓜扶贫产业园""万头生猪扶贫产业园""千亩返乡人才创业扶贫产业园"，产业园实现年产值6 000多万元。2016年5月，以村集体控股成立的兴农哈密瓜合作社吸收50户贫困户成为股东，招收40多名妇女就业。该合作社2019年被评为自治区级示范合作社和"全国巾帼脱贫示范基地"。目前产业园内4家合作社获评广西壮族自治区示范社，2家合作社获评广西壮族自治区五星级生态养殖场。"把后盾单位和财政扶贫资金转为村集体经济发展的股金，其中以166万元入股哈密瓜合作社，占股72.46%；以50万元入股生猪合作社；以21万元入股成立武宣县第一书记农产品直营店；将闲置五保村出租年收入2万元。2020年集体经济控股参股合作社实现营收747万元，村集体经济营收80万元。"① 和律村的集体经济实现从无到有、从小到大、从单一到多元的转变，变"输血"为"造血"。2019年，广西集体经济高质量发展工作现场会在和律村召开。2020年，和律村被评为广西首批示范性农村集体经济组织。和律村发展的多元化产业，为乡风文明建设打下扎实的经济基础。

风沿村狠抓经济发展，以科技兴农为依托，多措并举，大力推进红心

---

① 资料来源：桐岭镇宣传部门2022年7月13日提供的《党旗领航强建基础，"三链"模式强村富民：武宣县桐岭镇和律村党建示范点简介》。

蜜柚产业发展，带动村民脱贫致富，夯实乡风文明建设的基础。一是加强栽培技术指导。把专家引进来开展技术培训，安排农技特派员到田间地头实地指导，成立蜜柚种植微信群，随时提供线上咨询指导。二是打造绿色品牌，提高产品质量。与广西农业科学院、武宣县供销社签约"产学研"基地。2017年1月起创建自治区级万亩红心蜜柚现代农业特色示范区，注册了特色商标，并获得无公害农产品证书，有效推动了红心蜜柚产业的发展，提高了产品的市场竞争力。三是充分发挥合作社辐射带动作用。该村每个自然屯都成立了红心蜜柚合作社，合作社充分组织、引导和服务，带动种植户抱团发展。四是拓宽销售渠道。投入600万元建立红心蜜柚集中展销区，集交易市场、包装、加工于一体，通过电商平台、第一书记联盟直销店等渠道，实现线下线上相结合的销售。同时，积极吸引区内外客商，推进产品销售，强化宣传，举办红心蜜柚丰收节庆活动，2020年接待旅客6万多人，带动了红心蜜柚销售。"十三五"期间风沿村是自治区级的贫困村，以前村民的主要收入来源是种植速生桉和外出打工，收入低。自种植红心蜜柚以来，风沿村种植规模不断扩大，到2020年全村蜜柚种植面积达10 600亩，产量也迅猛增长，从2017年的60万斤增长到2020年的800万斤，产值突破1 000万元，种植农户户均产值超过30 000元，户均纯收入增加14 000元以上，即使2021年遇到干旱，依旧创造了柚子销售800多万斤的纪录。[1] 红心蜜柚产业如今已成为风沿村的核心产业，使风沿村2017年实现整村脱贫摘帽，也为乡风文明建设提供了助力。现在的风沿村村容村貌大为改观，村民的整体素质逐渐提升。

（三）狠抓村屯基础设施和公共文化设施建设，村容村貌明显改善

农村基础设施和公共文化设施是推进乡风文明的载体。通过建设基础设施和公共文化设施推动乡风文明的模式，具有快速实用和村民参与度高等特点。和律村重视村容村貌的改善，积极争取落实改善村容村貌项目资金2 000多万元，主要有以下措施：一是大力整治人居环境。2019年以来拆除农村危旧房共1.5万平方米，完成七个自然屯巷道硬化，建成12.8千米水泥硬化路，其中龙干屯一轴四纵水泥路融会贯通；安装太阳能路灯

---

①　资料来源：风沿村同心文化广场宣传栏资料《党旗领航发展　特色产业助力　蜜柚产业能级提升：武宣县东乡镇风沿村党建示范点简介》。

140 多盏；建设水利渠道 5.8 千米；在雅度、龙干、福隆三个自然屯铺设生活污水排放管，污水横流局面得到有效治理；建成雅度社会主义核心价值观文化长廊、塘莲复古文化墙。二是着力健全休闲功能区。建成新时代文明实践活动广场（图 4）、雅度屯北回归线主题公园、8 个灯光球场、5 个屯级戏台、3 个屯级综合服务楼，以及停车场、村史馆、景区公共厕所等多功能区。塘莲屯被评为全区绿色村屯。2020 年，和律村获得"广西乡村风貌提升精品示范型村庄"称号。①

图 4　和律村新时代文明实践活动广场（笔者摄于 2022 年 2 月 3 日）

凤沿村积极争取上级财政资金的支持，完善村屯基础设施，着力改善村容村貌。通过实施新农村绿化美化工程、桂中农村土地整治、特色文化名村、全国生态文化村等项目建设，凤沿村整合投入 110 多万元修建完善了游客接待中心、停车场、文体广场、古戏台、道路、水利渠道、太阳能路灯等基础设施。凤沿村整合各类资源建设，目前全村有戏台 1 个、篮球场 4 个、产业观景台 2 个、村卫生所 1 个、儿童活动室 1 个、农村书屋 1 个。行政村广泛吸纳各族群众成立篮球队和多个文艺队。村委新的服务中心于 2017 年投入使用，办事中心、法律顾问室、村委办公室、图书室、活动室、会议室等也相继投入使用，极大改善了为村民服务的设施。水电覆盖已达 100%，电视信号和网络信号实现了全覆盖，为建设美丽宜居乡村

---

① 资料来源：根据 2022 年 7 月 15 日笔者对和律村第一书记陈三员的访谈材料整理。

提供了保障。风沿村 2019 年被评为"美丽广西乡村建设示范村"；2020 年获得第六届"全国文明村镇"称号；2021 年被评为第二批"来宾市民族团结进步示范村"。①

（四）村规民约除陋习，"约"出文明新风

村规民约是村级管理的重要形式，是村民进行自我管理、自我教育、自我约束的行为规范。利用村规民约遏制陈规陋习是推动乡风文明的有力举措之一。和律村与风沿村的村委和党委深知"无规矩不成方圆"的道理，依照有关法律法规，积极组织群众修订完善村规民约。同时，反复征求德高望重的老模范、老干部、老战士、老教师、老乡贤等"五老"村民的意见建议，让村规民约既彰显社会主义核心价值观，又体现村情民情，真正成为推动乡风文明的载体。风沿村的"爱国爱家，守法遵纪……"，和律村龙干屯的"做人讲道德，做事讲良心，种田不怕累，打工不怕苦。做人讲诚信，吃亏也是福……"，和律村雅度屯的"爱祖国，爱家庭，爱国爱家有牵挂；亲民众，立村规，广大村民齐发挥；传佳德，扬正气，除恶扬善都有利……"等村规民约简单易懂、朗朗上口，非常接地气，营造了"人人懂村规、人人守村规"的良好氛围。

为了让村规民约深入人心，真正起到规约作用，各村做到了以下三点：一是发挥党员先锋模范作用，带头遵守践行村规民约。和律村施行党员包户联系宣传制度，除老弱病残和常年在外务工的党员外，其他党员都被安排联系自己负责宣传的家庭户，通过党员自己带头遵守和不定期入户宣传说教，让村规民约深入人心，让村民自觉践行，保障村规民约落到实处。二是充分发挥"一约四会一队"的作用，对红白事大操大办、不赡养老人等行为进行治理。"一约"指村规民约，"四会"是红白理事会组织、道德评议会组织、村民理事会组织、禁毒禁赌会组织，"一队"是移风易俗劝导队。三是广泛开展"遏制陋习、倡导文明新风"行动。和律村村民老黄在二儿子结婚时，追求隆重气派，打算搭大拱门、铺红地毯和组建 10 辆轿车的接亲车队，准备宴请宾客 500 多人。针对这个事情，村干部和"四会"成员轮番宣传劝导，最终老黄改变了想法，接亲车只有 3 辆，酒席只有 13 桌。这件事在村里反响很大，其他办婚宴的青年纷纷效仿。

---

① 资料来源：2022 年 7 月 20 日笔者对风沿村党总支记巫贵球的访谈。

有了村规民约（图5），通过教育、规劝、奖惩等措施，和律村与风沿村均有效遏制了陈规陋习，减轻了村民的人情负担，红白喜事一概从新从简，尊老敬老蔚然成风，乡村文明程度显著提高。和律村党委书记韦恒焦说："村规民约在推动移风易俗、破除陈规陋习、优化社会风气、建设美丽乡村等方面都发挥了重要作用，我们村取得六个全国荣誉，村规民约功不可没。"说起村里的改变，风沿村村民老巫满脸自豪地说："有了村规民约，大家都自觉遵守。每天打扫房前屋后的清洁卫生也成了习惯，尊老爱幼成了风气，家庭和睦，邻里吵架很少了，有事大家已习惯通过协商解决，之前的很多坏习惯也改掉了。如今村子干净了，空气也清新了，大家的文明意识都大大提升了。"

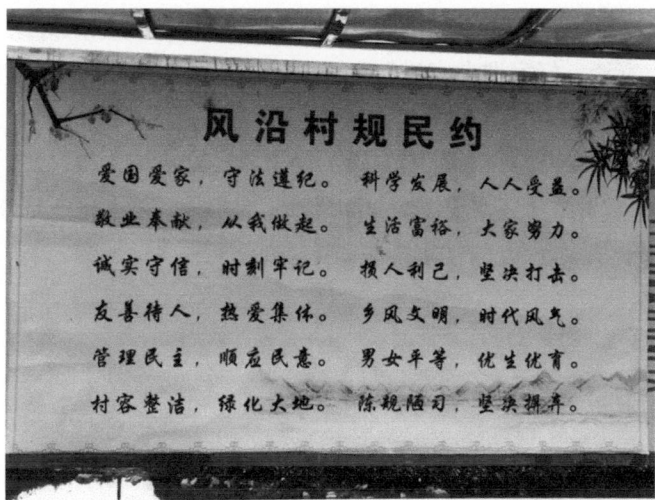

图5　风沿村规民约（笔者摄于2022年7月20日）

（五）广宣传重实践，文明理念驻心间

村民是乡风文明建设的主体，村民素质（尤其是思想道德素养）直接影响乡风文明建设的成效。和律村与风沿村通过广泛的精神文明宣传、理论宣讲、引导志愿服务、参与文明实践、举办节日活动、树立典型等，让文明理念外化成自觉的行为，内化为村民的精神追求。

第一，积极开展乡风文明宣传活动。乡风文明是一个高度概括的抽象名词，对部分文化程度不高的村民来说不容易理解，需要借助直观、具体的形式来展现，如此才能转化为村民自觉的行为。风沿村打造了乡风文明宣传墙画，面积约1 500平方米①，和律村的乡风文明墙画和宣传栏更是随处可见（图6）。这些形式通俗易懂，使村民在潜移默化中受到熏陶，助力乡风文明教育。和律村村民李阿姨说："以前我觉得社会主义核心价值观内容很多，记不住，也不太明白它的意思，现在有了这些生动形象的墙画，我记住了，也明白了意思。这些画也把文明村子打扮得更美丽。"

走进和律村，首先映入眼帘的是村道两旁的社会主义核心价值观等图文并茂的宣传标语，这是该村筹措资金在村主干道建设的文化墙、设置的文明宣传栏。全村共有50多块文化墙。文明宣传栏中公布着通过各家各户征集来的100多个"文明小承诺"，以此弘扬社会公德和家庭美德。利用村史馆和文明实践站等场所，邀请老党员、老教师、经济能手谈村规、说家训，引导村民学习交流，共同遵守村规民约，传承好家风好家训，形成"好村规大家谈、好家训大家讲"的良好风气，推进乡风文明。和律村还创新建设"五堂"（家庭厅堂、道德讲堂、贤孝讲堂、乡贤学堂、党史村史讲堂），村中男女老少通过"五堂"议家风、立家训、传家礼、评家庭，定期开展"乡贤故事我来讲""村中故事我来谈""家中故事我来说"等群众性宣传活动，大力培育社会主义新风尚。②

图6　和律村文化墙（笔者摄于2022年7月16日）

---

① 资料来源：2022年7月20日笔者对风沿村党总支书记巫贵球的访谈。
② 资料来源：和律村第一书记陈三员2022年7月15日提供的《党建聚力移风易俗　文明助推乡村振兴：武宣县桐岭镇和律村文明乡风建设典型经验》。

第二，开展文明实践活动。以实践的方式来引导村民参与，是一种有效带动村民参与乡风文明建设的路径。通过反复的文明实践使广大群众在潜移默化中改进不良的言行，同时在文明实践活动中增强参与感、获得感，从而推动乡风文明建设。

（1）"夜话小广场"实践活动。和律村结合村民"日出而作，日落而息"的作息规律，利用群众喜欢晚饭后在村内小广场驻足聊天的习惯，在新时代文明实践站开展"夜话小广场"文明实践活动，把群众茶余饭后的"碎片化"时间用好用巧，引导群众"话乡愁、话文明、话生活、话技能、话感悟"，让群众在谈乡愁中珍惜美好生活，在听感悟中深受教育，在学技能中提高本领，在话感悟中提升思想境界，有效加强了基层思想政治工作。该村创建的新时代文明实践"夜话小广场"活动，邀请村内乡贤、各领域"土"专家31人次开展活动49场次，培育宣讲能手7人，受益群众5 000多人次，[①]"夜话小广场"成为群众喜爱的志愿服务品牌。

（2）推行文明实践积分卡制度。由村民参与制定实施细则，确定积分累计兑换办法，把村民道德品行与乡村公共事务挂钩，发动村民参与乡风文明建设。积分由基础积分、民主评议积分、贡献积分三部分构成，每部分又有具体条目及分值（图7）。积分的使用以精神激励为主，物质兑换为辅，积分既与评先表彰挂钩，又可在村里的新时代文明实践积分兑换超市兑换物品，如和律村在雅度屯设立了积分兑换超市。文明实践积分卡制度通过"群众做好事、实践站宣传、群众来点赞、参与获奖励"的模式，在提升村民道德素质的同时，鼓励村民积极参与文明实践活动。

---

① 资料来源：2022年7月13日笔者对桐岭镇宣传委员韦家山的访谈。

推动移风易俗 ★ 促进乡风文明

桐岭镇和律村乡村振兴新时代文明实践积分细则

项目	内容	分值	备注
基础积分	爱党爱国、遵纪守法、勤俭节约、讲究卫生、诚实守信、孝老爱亲、团结互助、文明礼貌、遵守村规民约，无群众反映不良行为。	50分/年	
民主评议积分	1.主动报名注册成为新时代文明实践志愿者。	2分/人	
	2.参加村新时代文明实践站开展的文明实践活动。	2分/次	
	3.结合自身能力或专长，提供文明实践志愿服务。	2分/次	
	4.主动注册登陆"学习强国"平台，并保持每天学习活跃度。	2分/周	
	5.移风易俗、红白喜事不大操大办。	2分/次	
	6.主动参与集体组织的扶贫救灾捐款活动。	2分/次	
	7.主动参与清除牛皮癣小广告、清扫公共场所卫生、清理公共垃圾桶等环境整治义务劳动。	2分/次	
	8.在乡村建设中主动投工投劳。	2分/次	
	9.积极参与村组织的各类会议。	2分/次	
	10.拾到财物主动上交者或归还失主。	2分/次	
	11.重视教育，家庭成员学历提升。	2分/次	
	12.家庭成员入党、入团、参军。	2分/次	
	13.注重家风家教，厅堂悬挂家训、家风书法、荣誉等。	2分/次	
	14.见义勇为，勇于制止正在危害国家安全、公共安全、扰乱公共秩序和侵害他人人身安全或者国家、集体、他人财产安全以及赌博等违法犯罪行为。	4分/次	
	15.为保护国家、集体财产或他人人身、财产安全实施抢救、救灾、救人行为。	4分/次	
	16.积极协助追缉嫌疑人或者提供线索、侦破刑事案。	2分/次	
	17.热心参与调处婚姻、家庭、土地权属等村民间纠纷。	2分/次	
	18.举报封建迷信涉黄涉非（如卖淫嫖娼、传播淫秽物品）等行为。	2分/次	
	19.提供本地非法集会、传销窝点、各类诈骗信息以及制造、贩卖、运输、贮藏、销售假冒伪劣产品信息。	2分/次	
	20.其他维护社会公德或参与乡村建设的行为。	2分/次	
贡献积分	1.获得国家荣誉。	40分/次	
	2.获得自治区级荣誉。	30分/次	
	3.获得市级荣誉。	20分/次	
	4.获得县级荣誉。	10分/次	
	5.获得乡（镇）级荣誉。	6分/次	
	6.获得村级荣誉。	2分/次	
	7.先进事迹被国家媒体报道或者通报表扬。	40分/次	
	8.先进事迹被自治区级媒体报道或者通报表扬。	30分/次	
	9.先进事迹被市级媒体报道或者通报表扬。	20分/次	
	10.先进事迹被县级媒体报道或者通报表扬。	10分/次	
	11.先进事迹被乡（镇）媒体报道或者通报表扬。	6分/次	
	12.先进事迹被村新时代文明实践站通报表扬（如，通过文件、村级大喇叭、村务公开栏等面向全村公布）。	2分/次	
扣分	1.违反本村村规民约的有关规定。	-2	
	2.出现违法犯罪行为。	一票否决	
	3.出现违章建筑、乱贴乱画、乱攀乱摘、秸秆焚烧等破坏环境行为。	-2	
	4.出现乱扔垃圾、随地吐痰等不文明行为。	-2	
	5.出现破坏公共环境卫生设施、损害花草树木等行为。	-2	
	6.出现不赡养老人、打骂虐待老人等不良行为。	-4	
	7.出现夫妻双方打架等家庭暴力现象。	-4	
	8.出现打架斗殴、邻里纠纷等不文明现象。	一票否决	
	9.参与色情、赌博、涉毒、封建迷信及其他低俗活动。	一票否决	
	10.个人、家庭申报加分项目出现弄虚作假的。	双倍扣分	

备注：1.一票否决的时间从出现扣分行为之日起算，一年内不得参加积分申报。
2.各村有针对性地设置积分项目，适当增减项目内容，合理调整赋分标准。

图7　和律村文明实践积分细则（笔者摄于2022年7月17日）

（3）常态化开展志愿服务活动。和律村与凤沿村精准把握群众需求，依托志愿服务，充分利用村屯志愿服务队，开展助学助困、养老、文艺演出、政策法治宣传等志愿服务（图8）。和律村党建引领组建有"文明守法"群众宣传队等9个志愿服务队，共有志愿者190多名。"志愿者通过深入村屯开展政策宣讲、法制宣传等，逐步形成'夜话小广场''老娘舅和谐小喇叭'等文明实践活动品牌7个，为农村'三留守'人员提供生活照料、安全教育、学业成长等帮助106人次；为居民群众提供理论宣讲、文艺演出、普法宣传等服务1 600人次。在2020年春季的疫情防控工作中，和律村共招募社会志愿者52多人，全部下沉'网格化'疫情防控一线，累计志愿服务时长5.32万小时，服务群众超过8500人次。"① 凤沿村也招募30多名志愿者，开展道德教育和法制教育、关爱孤寡老人和留守儿童等活动150多场次，培育了乡风文明的土壤。②

图8 和律村村民志愿服务（雅度屯韦村长2022年7月18日提供）

第三，举办民族传统节日活动。以开展各类传统文化活动带动村民来推动乡风文明建设，是最受群众欢迎的一种方式，比如春节、端午节、中秋节、重阳节、壮族三月三等传统节日蕴含着丰富的文明乡风元素。开展传统节日活动，丰富人民群众精神文化生活的同时，又营造了浓厚的文明乡风氛围。和律村雅度屯在九九重阳节有关怀老人的光荣传统（图9），过去只是各家的年轻人欢聚一堂，为家里的长辈庆祝，陪长辈谈心，一起吃团圆饭。到20世纪90年代初期，经村干部提议，每年重阳节为村里的老人举行集体祝寿活动（图10），经费由全村年轻人自愿捐款，举行集体聚餐、送老人礼物、合影留念等活动，为老人祈祷祝福，这一活动发展至今已有30多年历史。雅度屯集体为老人祝寿的重阳节活动，不但弘扬了尊老爱老、感恩父母的传统，而且杜绝了为老人大操大办祝寿的陋习，倡导了

---

① 资料来源：和律村第一书记陈三员2022年7月15日提供的《党建聚力移风易俗　文明助推乡村振兴：武宣县桐岭镇和律村文明乡风建设典型经验》。

② 资料来源：凤沿村第一书记袁世政2022年7月19日提供的《和谐发展共富共荣　为民族团结进步保驾护航：武宣县东乡镇凤沿村民族团结进步创建经验》。

乡村文明新风。

图9 和律村雅度屯的老人节与家风（笔者2022年7月19日摄于雅度屯史馆）

图10 和律村雅度屯集体祝寿蛋糕（雅度屯韦村长2022年7月18日提供）

风沿村非常重视文明乡风氛围的构建，充分利用每年春节、壮族三月三、三红蜜柚特色民俗文化节等传统特色节日举行文化活动。例如每年风沿村特色产业三红蜜柚成熟时，村委都组织全村各族群众通过民族特色小吃竞赛、民族舞蹈表演、民族服饰展示等活动，营造民族团结氛围；每年春节慰问困难村民、残疾村民和老年村民,给村民添置节日用品并送上手写的春联,弘扬扶贫济困、团结互助精神;举办"壮族三月三"民族运动会,展示壮族民族服饰和民族民俗文化,传承民族优秀传统文化,营造"民族团结一家亲"气氛,借助山歌传唱文明新风,有效带动了乡风文明建设。

综上,通过实地观察和访谈当地干部、群众,我们发现和律村与风沿村乡风文明建设取得了显著的成效,他们在党建引领、产业发展、村容村貌整治、村民素质提升、移风易俗等方面的举措具有一定的借鉴意义,值得其他地区在乡风文明建设中学习和效仿。

四、乡风文明建设中存在的问题及原因

近年来,和律村与风沿村乡风文明建设工作力度大,无论是经济基础,还是村容村貌、村民思想道德、社会文明程度,都有了较大的提升,但与乡村振兴战略要求相比依然存在一定差距。我们通过田野调查发现,和律村与风沿村在乡风文明建设中存在着一些共性的不足。

(一) 村屯之间发展不平衡

近年来,在乡村振兴战略的背景下,广西农村和全国其他地区一样基础设施逐渐完善,建设了大量的公共文化设施,但是地区之间、村屯之间存在不均衡的现象。通过在武宣县实地调查发现,经济发展和交通条件都比较好的乡村,其基础设施和文化设施都比较完善,如和律村有村史馆、文化室和文化广场、足球场等文化娱乐设施;而相对落后的大同村文化设施却很简陋,仅村委前一个长满杂草的简陋戏台,村文化室也只是挂了牌,里面没有器材和设备。同一个行政村不同屯的乡风文明建设也不平衡。透过观察和律村的七个屯,都可见其乡风文明建设痕迹,但是屯与屯之间差别很大。雅度屯的设施建设最好,配套设施完善,建设有文化广场、村史馆、农耕体验园与北回归线主题公园等,乡风文明宣传文化墙和宣传栏随处可见,和律村唯一的生活垃圾分类收集站也在雅度屯。塘莲屯的公共文化设施也比较多,有篮球场、大戏台、休闲凉亭等。与雅度屯紧邻的龙干屯则依托雅度屯的旅游资源,挖掘壮锦文化元素,打造民族同心文化广场。和律村除了雅度、塘莲、龙干三个屯外,其他四个屯(福隆、

人和、司律、王官）的建设则逊色很多，整体局面还没有根本性的变化，公共文化设施都比较简陋，除了简陋的文化广场，其他文化设施很少，乡风文明的宣传文化墙和宣传栏也较少。此外，在环境卫生整治方面，不同屯之间也有差距，雅度屯和塘莲屯道路干净、村容整洁，其他屯存在不同程度的脏乱差现象。风沿村也存在屯与屯之间乡风文明建设不平衡的情况，部分屯的乡村公共文化服务设施简陋，难以满足村民对精神文化生活的要求。

村屯之间乡风文明建设发展不平衡的现象，究其原因主要是资金紧缺。无论是打造乡风文明建设的基础设施还是组织文化娱乐活动，都需要建设基金，特别是需要政府财政的支持。基层政府财政资金短缺，难以支持全面的乡村文明建设，往往把有限的资金重点用于部分村庄建设，打造乡风文明亮化示范工程。由于资金有限，和律村重点打造雅度屯、塘莲屯、龙干屯，其他几个屯的文化基础设施不完善，举办的文化娱乐活动也少。风沿村的情况也大致如此。

（二）乡村文化资源挖掘不足

中华传统文化源远流长，博大精深，是我国先进文化的深厚根基。乡村拥有丰富多彩的传统文化，内涵丰富，颇具特色，其精神价值以及乡村文化情感对于提升村民道德修养和文化自信、规范村民行为具有重要的作用。然而，目前农村在乡风文明建设中存在着优秀传统文化资源挖掘不充分的情况，使其未能发挥应有的作用。和律村塘莲屯有丰富的红色文化资源：抗日战争胜利后，面对国民党当局的独裁、内战、腐朽、暴政，塘莲屯村民韦扬志、韦扬发、韦继初、何其求等一批骨干参加革命活动，成立革命小组（后改为反"三征"小组），与白莲山下各村群众并肩战斗，震惊了敌人。1947 年 9 月 28 日，时值中秋节，中国人民解放军达开纵队发动"中秋起义"，塘莲屯村民韦朝楼带领本屯村民参加起义，英勇奋战，塘莲屯村民韦树平在战斗中光荣牺牲。塘莲屯有光荣的革命传统，建有革命烈士纪念碑（图11），然而这段红色文化资源还没有得到充分挖掘，其在乡风文明建设中的教育价值还没有得到充分发挥。本课题组在和律村调研时，拿这段红色革命历史问了十多名村民，只有一位古稀老人能为我们讲述，年轻人及少年儿童回答几乎都是"不清楚"。除了红色文化挖掘力度不够外，民族优秀传统文化也没有充分挖掘用来推进乡风文明建设。和律村是壮族聚居村落，风沿村壮族与汉族杂居，壮族的节日文化、歌谣文化、稻作文化、服饰文化中无不蕴含着文明新风的元素，比如尊老爱幼、团结互助、自由平等、保护生态等。调研中，我们发现除了风沿村在壮族三月三举行一些民族活动外，很少有民族文化活动。在和律村访谈时，我们问"你们村是壮族村落，村里有举行民族文化活动吗"，被问及的 16 个村民都说"没有"。

图 11 和律村革命烈士纪念碑（笔者摄于 2022 年 7 月 17 日）

乡村红色文化和优秀传统文化得不到充分挖掘，一方面是由于基层干部没有深刻认识到红色文化和优秀传统文化对乡风文明建设的重要意义，加之这些文化难以迎合现代人的喜好，村民对此缺乏足够的了解，同时缺乏文化传承人，一些优秀文化面临消失；另一方面是由于资金的缺乏，挖掘开发红色文化资源和民族优秀传统文化资源都需要资金的支持，而当前村委资金有限，因而首先考虑的是基础设施和公共文化娱乐设施建设，从而导致红色文化资源和民族优秀传统文化得不到有效开发利用，甚至逐渐被人们遗忘，这对于农村发展尤其是乡风文明建设来说是一个重大损失。

（三）基础设施不完善且使用率偏低

随着乡村振兴战略的稳步推进、农村基础设施建设力度的加大，我国乡风文明建设取得了喜人成绩，这些发展从理论上看都有利于我国农村乡风文明的建设和完善。很多农村都相继建立了文化广场、图书阅览室、篮球场、演出舞台、健身广场，还购买了运动器材。这些设施为乡村居民文化娱乐活动提供了条件，和律村与风沿村也不例外。但是农村基础设施建设仍存在着一些问题：一方面，现有的一些基础设施不够完善，比如和律村七个屯中只有雅度屯设置生活垃圾分类处理站，风沿村文化广场虽然大，但是地面坑坑洼洼，下雨天还积水，在访谈中风沿村多位村民提到村中没有公共厕所。另一方面，农村公共文化娱乐设施使用率偏低。本课题组访谈期间，很少看到有人使用篮球场、足球场、健身设施，也很少看到有人到文化室看书。据风沿村村民反映，文化广场一般一年只有一两次大型活动时使用。课题组在和律村与风沿村随机访谈了 50 位村民。经过统计，在关于"文化健身广场体育器材使用情况"的访谈中，结果是在最近一年里，有 28 人（占 56%）没有使用过，有 16 人（占 32%）去过 1 次或 2 次，去过 3 次及以上的仅 6 人（占 12%）。关于"图书文化室使用情况"的访谈结果也差不多。

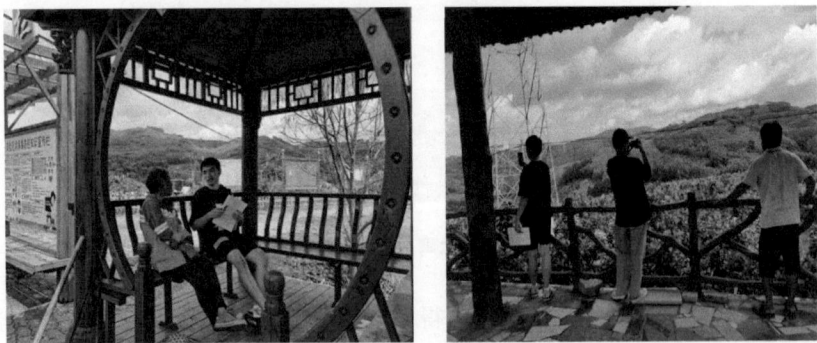

图 12　课题组在风沿村调研（笔者摄于 2022 年 7 月 18 日）

通过询问村干部和一些村民得知，基础设施不完善主要是由于资金短缺，增建和维护设施都没有办法进行。在乡村振兴的政策要求下，许多农村建立了文化健身广场、农家图书室等。但健身设施维修维护和图书购置与更新等都需要持续的资金投入，资金短缺导致这些本应该为村民服务的场所常常紧锁大门，开放时间也不确定，村民难以获得准确的开放信息。

许多村民到图书文化室就是去闲聊，没有利用该场所来学习；有的村设立了农民夜校、乡村振兴讲习所等文化阵地，但没有系统的学习计划和明确的学习要求，很少有村民会主动去这些场所学习。此外，人员流动频繁也是一大原因，村里很多青壮年常年外出打工，而老年人更喜欢聊天、闲逛和用打牌、搓麻将等活动来消磨时间，运动场所及健身器材自然用得就少了。不少乡村兴建了文化广场和文化活动中心等场所，但有组织的文化娱乐活动很少，致使这些文化活动场所的功能未能充分发挥，造成文化资源的闲置浪费。

（四）专业人才匮乏

乡风文明建设要想取得更好的效果，人才是关键。但本课题组在村庄调研过程中发现，专业人才缺乏是普遍问题。和律村第一书记陈三员说："我们村当前面临的困难，资金不足是一方面，人才缺乏问题也突出，我们尤其需要农技人才。"从我国劳动力的流动规律来看，优秀的专业人才更多地流入大中城市，目前农村从业人员普遍文化程度不高，青壮年人口缺乏，乡风文明建设的人才缺乏是常态。村民搞规模经营和集体养殖，由于没有掌握相关专业知识和技能，面对果树枯萎和牲畜死亡却束手无措。风沿村委巫主任带我们参观红心蜜柚种植基地时，面对一片枯黄的红心蜜柚树痛心地说："现在愁呀！找不到蜜柚树枯黄的原因，村里缺乏这类农业技术人员，'土专家''土办法'已经不行了，有些树已经死了。"为了丰富村民的精神文化生活，村里尝试举行文化娱乐活动，但文艺专业人才缺乏，长期没有专业的编剧和表演人员，想开展大型的群众娱乐活动却多方面受限，群众的参与度也低。此外，文化活动室也缺乏美术、书法等专业人员，文化活动中心缺乏吸引力。

由于资金不足，农村专业人才待遇不高，相比城市环境又艰苦，这样的条件对于优秀专业人才很难有吸引力。虽然政府出台了相关吸引人才进村的政策，但也难以长期留住人才，一些人来农村工作不久就走了。村里考出去的大中专学生等文化水平较高的年轻人，更愿意选择在城市生活。尽管和律村哈密瓜产业和风沿村红心蜜柚产业发展势头良好，但依然无法避免大多是老人和孩子留守的局面。文明乡风的塑造需要大批年轻力壮、文化水平高、能力强的建设主体，因此缓解当前乡风建设人才匮乏的困境迫在眉睫。

五、推进乡风文明建设的对策建议

如前所述，由于经济、制度和思想文化的影响，当前我国农村乡风文明建设方面存在一些问题。正视问题，对症下药，才能确保乡村振兴战略顺利实施，稳步推进乡风文明建设。

（一）多渠道筹措建设资金

乡风文明建设需要相应的资金支持，可以通过多渠道筹资，设立乡风文明建设专项资金的方式，为乡风文明建设提供有力支撑，增强乡风文明建设活力。调查中发现，大部分农村乡风文明建设经费主要来源于政府拨款，但投入资金不足。因此，要解决乡风文明建设资金短缺问题，可以从以下几个方面入手：一是政府要加大投入，将乡风文明建设经费列入财政预算，支持完善农村基本设施和文化设施，支持农村文化活动的有序开展，让乡风文明融入村民日常生活，同时大力支持挖掘本土文化元素，发挥其乡风文明的教育功能。二是村委设立乡风文明建设专项账户，鼓励、发动个人和企业捐款，如吸引乡贤反哺，共建文明乡村。三是引导组织民间艺术团巡回演出，巡演收入部分用于乡风文明建设。比如和律村非物质文化遗产龙鱼舞，乡镇政府和村委会可以支持鼓励其成立民间艺术团并进行宣传，增加演出机会，以期将部分收入用于乡风文明建设，这既有助于优秀传统文化传承，也能激发群众参与文化活动的热情，助力乡风文明建设。此外，通过用贡献较大的捐款人的名字命名文化设施等，调动当地经济达人为乡风文明建设贡献力量。

（二）深挖乡村优秀传统文化

中华优秀传统文化是中华民族的文化根脉，其蕴含的思想观念、人文精神、道德规范，不仅是我们中国人思想和精神的内涵，对解决人类问题也有重要的价值。[①] 以和律村为例，该村具有独特的文化传统，其红色文化资源和民族文化资源都异常丰富。和律村的乡村文化振兴，就是要深挖

---

① 张岂之. 努力提炼中华优秀传统文化的精神标识 [N]. 人民日报, 2019 - 02 - 18 (009).

文化根脉，提高村民思想道德水平。针对红色文化资源，首先要从学术角度深入研究和律村乃至桐岭镇的革命历史。依托科研院所、高等院校和历史文化机构对和律村红色文化进行历史梳理，分析其文化的各种表现形式和积极意义，尤其是其中蕴含的有助于乡风文明建设的价值。其次，要将学术研究落实到乡风文明建设上来，使村民在实践中感受到传统文化的积极影响，从而激发传承的热情，积极参与乡风文明建设。比如和律村将本地红色故事通过歌舞、小品等形式在文艺汇演中呈现，村民在观赏节目的同时接受文化的熏陶，提高思想道德水平，使红色文化所具有的永恒的不畏艰辛、勇往直前、开拓创新的时代价值，能够在潜移默化中培育新时代村民积极向上、勇往直前的精神。如前所述，和律村是壮族聚居村落，民族文化独具特色。一方面，要利用民族传统节日开展丰富多彩的活动，将乡风文明理念和民族优良传统道德相结合，深入挖掘民俗文化中蕴含的人文精神和伦理道德，以达到教化村民、淳化民风的作用。另一方面，要推进文旅融合，在村民生产生活与乡村风貌中融入民族元素，打造具有民族特色的文化旅游项目，发展旅游文化产业，带动村民创新创业，增加村民收入，为乡风文明建设提供物质保障。

（三）统筹实施乡村优秀人才发展计划

坚定有力地实施乡村振兴战略，需要人才作为坚强后盾，但是专业人才匮乏是当下乡风文明建设无法回避的问题，新时代乡村振兴必须破解此难题。"通过多方面努力，着力打造一支沉得下、留得住、能管用的乡村人才队伍，强化全面推进乡村振兴、加快建设农业强国的智力支持和人才支撑。"[①] 乡村如何汇聚各方人才呢？

第一，吸引优秀人才进村。通过打造宜居宜业的生态环境来提高乡村的吸引力和关注度，吸引各方优秀人才和社会精英到村工作。21世纪的农业是高科技农业，需要高科技人员的入驻并传授新的科技知识，才能让村民实现科学种植。政府可以制定人才政策，通过职位晋升和职称评聘等优惠条件吸引农技专业人员驻村工作，鼓励农村与农业院校、农业科研机构建立长期的合作关系。同时，要通过宜居环境和优惠政策吸引文化专业人才进村指导，深入挖掘乡村优秀传统文化，组织丰富多彩的文体活动，并创

---

① 习近平. 加快建设农业强国　推进农业农村现代化［EB/OL］. (2023 - 03 - 15). https://www.12371.cn/2023/03/15/ARTI1678868053940695.shtml.

造出群众喜爱的优秀作品，推动乡风文明建设。此外，还要鼓励文艺青年、大学生等以志愿者的形式到农村中去，为乡风文明建设注入新的血液。

第二，吸引本地人才回归。乡风文明建设，应当重视本地人才的作用，相比外来人员，乡土人才对农村乡风文明建设的认识更透彻，更愿意投身于农村建设工作，开展农村文化活动时也更容易获得村民的支持。要利用乡土人情作为纽带，吸引更多本土人才回归，振兴家乡，努力成长为乡村振兴的中流砥柱。一方面，要为本土人才回归乡村提供发展条件，从政策、资金、土地、税收等方面予以扶持，鼓励他们立足家乡建功立业。可以学习借鉴传统的乡贤制度，从物质和精神两个层面吸引本土人才回乡发展，带动当地乡风文明建设。另一方面，积极到高等院校进行宣传，号召本土人才回归本地，热情地投入文明乡村建设中。

（四）充分尊重村民意愿，激发参与热情

乡风文明建设的核心力量是本地村民。尊重人民群众意愿，是我们党开展乡风文明建设工作的优良作风。在乡风文明建设工作中充分尊重村民意愿，就是要想农民之所想，做农民之所需，把工作落实到村民的具体生活实践中，让村民的合理要求不断得到满足。[①]调查中发现，一些村庄不懂得尊重村民的意愿，也没有充分认识村民的主体作用，导致村民缺乏参与乡风文明建设的积极性。一些干部缺乏群众意识，不了解村民群众的需求，在乡风文明建设中为评比大搞"形象工程"。如，武宣县F村在村委前建了一个很大的广场，建成后除了周边有几个宣传栏，中间无任何设施，没能发挥它应有的功能；不少农村建立了文化健身中心、篮球场、农家书屋等，但由于资金缺乏无法维修场地以及购置、更新器材，加上管理人员不足，这些本应该为村民服务的地方常年大门紧锁，这种情况使得村民参与乡风文明建设的积极性受到影响。针对这一现状，必须充分尊重村民意愿，激发他们的参与热情。一方面，通过完善利益表达机制与平台建设，比如设立议事厅，让村民在民主实践中激发参与乡风文明建设自觉性；另一方面，采用村民喜闻乐见的内容和形式不断丰富农村业余文化生活，让村民在丰富的文化生活中感受乡风文明建设的实际效用，激发其参与乡风文明建设的热情，积极主动投身乡风文明建设实践。

---

① 刘欢，韩广富. 中国共产党推进乡风文明建设的百年历程、经验与展望 [J]. 兰州学刊，2021（6）：5–20.

乡村振兴战略下民族地区农村义务教育发展研究

——以龙胜各族自治县龙胜镇为例

梁晓娟[*]

一、绪论

（一）研究背景与研究意义

1. 研究背景

2017 年，党的十九大报告首次提出乡村振兴战略，乡村振兴战略的提出使乡村教育的发展有了新的动力。乡村要积极响应国家号召，充分挖掘和利用现有的独特乡村教育资源，使乡村儿童在成长过程中逐渐增强文化自觉与文化自信，热爱和传承中华民族的主流文化，喜爱和弘扬本民族优秀的传统文化。同时，乡村教育的良好发展，也是实现乡村振兴的内在要求。控辍保学与教育扶贫等政策的实施，使农村的教育条件有所改善。但是，当前我国乡村教育依然存在一些问题，比如农村学校生源流失现象严重、农村学生沉迷于网络从而厌学、农村教师流动性大等。这些问题的存在阻碍了乡村教育的良好发展。乡村教育是提高农村人口素质、培养乡村人才的关键所在，所以在实施乡村振兴战略的背景下，要着力解决乡村教育存在的问题。

当前，我国民族地区农村解决了贫困学生上学难的问题，但是让民族地区每个农村学生受到良好教育的愿望还没实现，与全国整体水平相比，少数民族地区农村义务教育的水平仍然有一定的差距，所以在乡村振兴过程中要促进民族地区农村义务教育向前发展。龙胜各族自治县是少数民

* 梁晓娟，广西民族大学 2018 级社会学专业硕士研究生，现为广西培贤国际职业学院教师，主要研究方向为民族社会学。

聚居地，在未全面脱贫以前，是国家扶贫开发重点县，龙胜镇是它的中心镇。龙胜镇农村义务教育在党、政府、人民的共同努力下，取得了一定的成就，但依然存在一些突出问题，如教育资源配置不均衡、教师队伍结构不合理等。乡村发展的主体是在乡村里生活的人，他们是乡村得以发展和振兴的主要力量，要通过良好的农村基础教育为乡村的振兴提供文化素质合格的劳动力。因此，民族地区乡村振兴的重要条件是乡村基础教育的振兴。基于以上背景，本研究以少数民族聚居地龙胜镇的农村义务教育情况为研究对象，调查分析乡村振兴战略下民族地区农村义务教育发展的现状、存在的突出问题及造成问题的原因，并提出乡村振兴战略下促进民族地区农村义务教育发展的建议。通过民族地区农村基础教育的振兴，使乡村振兴战略得到贯彻落实，从而实现民族地区乡村振兴的目标。

2. 研究意义

（1）理论意义。

有利于深化农村义务教育的理论研究。本研究基于乡村振兴战略背景和结构功能主义的理论视角，以民族地区农村义务教育发展的实际情况为调查研究的对象，以期对当前国内和国外关于农村义务教育发展的理论研究有所补充。

（2）实践意义。

为民族地区乡村义务教育的发展提供实践思路。乡村教育的良好发展能为乡村的发展提供本土人才，而拥有乡土情怀和熟悉乡村是本土人才的优势。龙胜镇位于龙胜各族自治县中心，是苗族、瑶族、侗族、壮族等少数民族的聚居地，受地形复杂、交通不便等不利因素的影响，经济发展速度缓慢，教育事业不发达。本研究基于乡村振兴战略，对龙胜镇农村义务教育发展的实际情况进行调查，研究和分析实地考察所获得的资料和数据，探索龙胜镇农村义务教育在发展过程中存在的突出问题，并分析问题的成因，最后提出乡村振兴战略下推进民族地区农村义务教育发展的建议，希望对促进龙胜镇农村义务教育的发展能起到一定的作用。龙胜镇乡村要振兴，就需要培养乡村所需的人才，而龙胜镇义务教育的良好发展可以提高农村人口的整体素质，培养乡村所需的人才。总而言之，龙胜镇要实现乡村振兴，人民想要拥有美好生活，就要推动农村义务教育的发展，因此研究龙胜镇义务教育的发展有很大的现实意义。本研究不仅对推动龙胜镇农村义务教育的发展有一定的现实意义，对其他少数民族地区农村义务教育的发展也有一定的借鉴意义。

（二）研究综述

1. 国内研究情况

（1）有关农村义务教育方面的研究。

国内学者关于农村义务教育发展的研究已经有大量的成果，他们的研究视角有宏观的，也有微观的。从宏观上来看，张乐天等人以新中国成立以来60多年的农村教育问题为研究对象，通过具体研究分析得出了相关经验。① 刘桂莉、刘国秋认为我国很多农村地区的义务教育存在一些问题，如学校基础设施薄弱、人均投入少等，并且农村义务教育在未来的发展过程中会遇到更多的问题。② 温恒福、李玉以教育质量观为研究视角，探寻了如何改进农村义务教育质量，认为想提高教育质量，就要以拥有科学先进的教育质量为首要任务。③ 邬志辉、秦玉友等人认为质量对于农村义务教育来说很重要，国家战略举措之一是提高农村义务教育的质量，认为通过优质的义务教育，可以促进学生的终身学习，这样我国的人口负担就可以变成人力资源优势。④ 李洪天认为我国基本实现现代化的目标应该包括义务教育迈向优质均衡，因为这与我国社会主义现代化强国建设事业的成败有着直接关系。⑤ 苏启敏主张要想避免单向的评价思维方式，就要重构中小学教育质量的认识理论，不要片面地把中小学教育质量的某一个要素认为是中小学教育质量的全部。⑥ 娄立志认为在新时代的背景下，促进农村义务教育向前发展的首要任务是加强农村义务教育师资队伍的建设，因为这是教育公平的内在要求。⑦

从微观上看，李克军、陈君以河北农村义务教育师资队伍建设困境为研究对象，并针对存在的问题提出了一些对策，这些对策包括改善教育政

---

① 张乐天，等. 新中国成立以来农村教育政策的回顾与反思 ［M］. 北京：北京师范大学出版社，2016.

② 刘桂莉，刘国秋. 我国农村义务教育公共政策与公平问题研究 ［J］. 江西师范大学学报（哲学社会科学版），2012（1）：97－105.

③ 温恒福，李玉. 论教育质量观的十个转变 ［J］. 学术交流，2012（7）：211－215.

④ 邬志辉，秦玉友，等. 中国农村教育发展报告2016 ［M］. 北京：北京师范大学出版社，2017：80－85.

⑤ 李洪天. 再接再厉迈向教育优质均衡2016 ［J］. 江苏教育，2016（14）：19－20.

⑥ 苏启敏. 中小学教育质量观：误区、反思与重构 ［J］. 中国教育学刊，2017（1）：3－9.

⑦ 娄立志. 加强农村义务教育教师队伍建设　促进教育公平 ［J］. 教育理论与实践，2013（34）：31－32.

策、提高教师待遇和改进农村义务教育管理体制等。① 李森、崔友兴以四川、云南、贵州和重庆的乡村教师专业发展现状为调查研究对象，发现乡村教师专业水平的表现存在差异，因为其受教龄、学历等因素的影响。② 张爱萍通过对山西省贫困县的实地研究，认为资源的投入量、生源的质量和数量、教育观念等特定因素，使农村义务教育的发展面临困境。③

（2）有关民族地区农村义务教育方面的研究。

民族地区农村义务教育的发展受到了广大专家学者的关注，并取得了一定的研究成果。李红燕、孟立军通过对 H 县"中西部农村初中校舍改造工程"的调查，发现国家对民族地区义务教育的财政专项投入存在资金额度急需扩大、预期目标有待调整、实施过程有待完善等问题，并针对这些问题提出了"一个扩大、三个改变"的对策。④ 丁万录等人以宁夏回族自治区西吉县为调查点，认为义务教育非均衡发展的重要表现是农村学校生源的流失，这与教育的公平正义相悖。解决这一问题就要发展民族地区薄弱的经济、改善农村的落后面貌，也须在政策上加以倾斜；在物质上予以帮助，以确保每一位适龄儿童站在同一起跑线上。⑤ 符依以义务教育资源配置为切入点，认为不均衡、不准确的教育经费投入，师资队伍建设薄弱等是民族地区农村义务教育存在的主要问题，针对问题提出的策略是加大对教育资金总量的精准投入、加强师资队伍建设等。⑥ 陈立鹏等人以内蒙古和广西的义务教育发展情况为研究对象，认为教育扶贫经费投入不足、师资质量和数量不足、结构不合理、教育管理水平相对落后等是民族地区农村义务教育扶贫存在的主要问题。根据存在的问题提出相应的对策，如

① 李克军，陈君. 河北省城乡义务教育资源优化配置长效机制研究 [J]. 河北学刊，2011（4）：206 - 209.

② 李森，崔友兴. 新型城镇化进程中乡村教师专业发展现状调查研究：基于川、滇、黔、渝四省市的实证分析 [J]. 民族教育研究，2015（7）：98 - 107.

③ 张爱萍. 关于山西省贫困地区农村教育发展问题的思考 [J]. 教育理论与实践，2017（1）：22 - 28.

④ 李红燕，孟立军. 民族地区义务教育财政专项投入存在的问题及对策：基于 H 县"中西部农村初中校舍改造工程"的调查 [J]. 中南民族大学学报（人文社会科学版），2011（3）：33 - 36.

⑤ 丁万录，肖建平，窦艳玲. 西北民族地区农村学校生源流失问题探析：以宁夏西吉县的调查点为例 [J]. 民族教育研究，2013（4）：66 - 74.

⑥ 符依. 精准扶贫背景下少数民族义务教育资源配置现状及对策的研究 [J]. 时代金融，2016（14）：241 - 242.

建设良好的师资队伍、改革教育管理体制等。①

（3）有关民族地区农村义务教育与乡村振兴的研究。

关于民族地区农村义务教育与乡村振兴的相关研究甚少，更多的是农村地区义务教育与乡村振兴相关的研究。焦后海等人认为，要实现乡村振兴的目标，就要优化教育资源配置的结构，因为只有结构得到优化，农村义务教育才能得以发展，才能更好地培养乡村振兴所需的人才，从而推动乡村振兴战略的实施。② 葛新斌提出在乡村振兴战略下应该重视农村义务教育的发展，从培养人才上为乡村振兴贡献力量。③ 张旭以乡村振兴战略为视角，研究了政府在推动乡村教育振兴发展中存在的不足，发现资金投入不足、办学条件较落后、乡村师资力量薄弱、教育理念陈旧等问题，这些问题严重阻碍了乡村振兴战略实施的步伐。④ 赖柳燕通过对万安县义务教育情况的实地调研，认为乡村振兴战略下农村义务教育发展的现状，主要是受农村自身地理环境、农村经济发展水平等的影响，在师资队伍、学校自身、资源配置等方面都存在问题，而解决这些问题就需要落实扶贫政策，发挥政府在农村义务教育发展中的主导作用。⑤ 施德君认为在乡村振兴战略下应该重点关注民族地区义务教育的财政支出情况，因为加大对民族地区义务教育的投入可以培育人才，而民族地区乡村的振兴需要大量高素质人才的加入。⑥

2. 国外研究综述

（1）有关教育公平论的研究。

国外学者在义务教育层面的研究主要是关于教育公平的。美国学者列维（M. J. Levy）认为，教育公平即社会公平，其代表着普遍公平的实现。

---

① 陈立鹏，马挺，羌洲. 我国民族地区教育扶贫的主要模式、存在问题与对策建议：以内蒙古、广西为例 [J]. 民族教育研究，2017（6）：35 – 41.

② 焦后海，韩露，柴然. 乡村振兴战略下的农村教育资源配置思考 [J]. 教育导刊，2018（9）：24 – 30.

③ 葛新斌. 乡村振兴战略：农村教育究竟能做些什么？[J]. 华南师范大学学报（社会科学版），2018（2）：82 – 87，92.

④ 张旭. 乡村振兴战略视角下 T 县政府推动乡村教育振兴的路径研究 [D]. 大连：辽宁师范大学，2018.

⑤ 赖柳燕. 乡村振兴战略下农村义务教育的发展现状及对策研究 [D]. 杭州：浙江工商大学，2019.

⑥ 施德君. 乡村振兴背景下民族地区义务教育财政支出研究：以 D 州为例 [J]. 农村经济与科技，2021（2）：74 – 75.

如果教育公平缺失，会导致社会权贵用尽更好的教育资源，并剥削了普通人的教育资源，这便意味着整个社会的价值出现了偏移，将影响社会的稳定。因此，在教育过程中，必须有效实现普遍公平。① 教育均等这一概念是美国学者詹姆斯·科尔曼（James Coleman）在《教育机会均等的观念》中提出的，包含每个人都能够获得平等接受教育的机会、在受教育的过程中受到他人的尊重等内容。② 美国的约翰·罗尔斯（John Rawls）提出了公平原则和正义原则，包括机会均等、平等自由原则、差异原则。③ 瑞典的托尔斯顿·胡森（Tolston Husson）认为教育公平包含三个层次，分别是入学机会的公平、受教育过程的公平、最终目标的公平。④

（2）有关农村教育的研究。

Paul Theobald 认为，乡村教育的价值定位应以乡村自然为主，不能盲目地以城市化发展为趋向。⑤ Hannum 通过对乡村教育的研究，认为要想推动农村地区经济的发展，就要正确认识到义务教育对农村经济发展的作用，因为义务教育可以使农村劳动力职业培训有更好的完成质量，从而提高农村劳动者的技能。⑥ Aaron Wildavsky 等人认为，乡村义务教育事业的良好发展，可以使劳动者对科技的适应能力增强，从而提高工作效率，促进农村经济的良好发展。⑦ 美国学者 Howly Craig 以西弗吉尼亚州 55 个县为对象进行调查研究，发现学生成绩的好坏和学校规模的大小情况有关系，他认为一些偏远贫困地区的学生在小规模的学校上课，成绩会有一定的提升。⑧ 苏联教育家苏霍姆林斯基（Suhomlinski）提出了农村"和谐教育"

---

① 列维. 现代化的后来者与幸存者 [M]. 吴萌, 译. 北京: 知识出版社, 2005: 64.

② 科尔曼. 教育机会均等的观念 [M]//张人杰. 国外教育社会学基本文选. 上海: 华东师范大学出版社, 1989: 176 - 191.

③ 罗尔斯. 正义论 [M]. 何怀宏, 何包钢, 廖申白, 译. 北京: 中国社会科学出版社, 2009: 60.

④ 胡森. 平等: 学校和社会政策的目的 [M]//张人杰. 国外教育社会学基本文选. 上海: 华东师范大学出版社, 1989: 193 - 197.

⑤ Theobald P. Rural philosophy for education: wendell berry's tradition [EB/OL]. ERIC Digest, 2017. https://www.doc88.com/p-6061500254785.html.

⑥ HANNUM E. Poverty and basic education inrural china: vinages, households, and girl's and boy's enrolment [J]. Comparative education review, 2003, 47 (2): 141 - 159.

⑦ PRESSMAN J L, WILDAVSKY A. Impjementation [M]. Berkeley: University of California Press, 2011: 45.

⑧ CRAIG H. Compounding disadvantage: the effect of school and district sizeon student achievement in west virginia [J]. Journal of research in rural education, 1996 (1): 25 - 32.

理论，他认为城市与农村学校存在很大差异，农村学校教育的目标是培养学生从事农村劳动的意愿。他认为农村学校要把知识的获取过程纳入农村社会成员生活中，提高农村文化风貌，才能促进农村社会经济的发展，激发学生对知识的追求和对农业劳动的热爱。[1] Friesen 认为现代农村教育要改变，需将农村学校建设成信息技术驱动的远程教育中心，以提高农村学生的知识水平，增进农村学生职业技能、社交能力、道德水平、公民素养和思维能力的发展，使农村学生具有终身学习的能力。[2] Joyce Mac Donald 以加拿大新斯科舍学校的合并过程为研究对象，认为学校撤并以后，导致偏远地区的儿童上学的距离变远了，会把很多时间浪费在遥远的上学路途中，这对学生的成长造成了困扰，也阻碍了这些儿童成绩的提高。[3]

综上所述，农村义务教育发展现状是学术界关注的重点，已有大量的研究成果。这些研究大多以本国国情为基础，以教育公平和教育均衡发展为切入点，研究国家农村义务教育发展的现状。很多专家学者通过研究发现了农村义务教育发展存在的问题，并分析了问题存在的原因，最后提出解决办法。他们认为教育投入经费、学校的基础设施与师资力量是影响农村义务教育发展的关键，且乡村学校在这些方面与城市学校依然存在差距，希望通过各方的努力，促进农村义务教育的发展，缩小与城市学校的差距。也有很多学者对乡村教育与乡村发展之间的关系进行了深入探究，认为农村教育的良好发展对乡村的发展有重要的推动作用。他们的研究成果使本研究有了一个扎实的基础。但是基于我国少数民族地区的乡情，在乡村振兴战略下调查研究农村义务教育发展情况的文章比较少，只有就不同乡域存在的突出问题进行仔细精准的调查研究，才能更好地促进当地农村义务教育的发展。因此，本研究以少数民族地区的一个镇为调查地点，研究当地义务教育的发展现状，发现具体的问题和导致问题的原因，希望在已有的研究基础上能够有新的发现，从而推动相关理论向前延伸发展。

---

① 苏霍姆林斯基. 论劳动教育［M］. 萧勇，杜殿坤，译. 北京：教育科学出版社，2019：69.

② FRIESEN R. Should I stay or should I go? Perceived barriers to pursuing a university education for personsin rural areas［J］. Canadian journal of higher education revue canadienned enseignement supérieur，2016，46（1）：138－155.

③ MAC DONALD J. The process and impact of school closures in four rural nova scotian communities，rural communities impacting policy［J］. Journal of rural and community development，2010（9）：86－97.

（三）研究方法

（1）文献分析法。

笔者以中国知网、维普数据库、万方数据库和图书馆等为渠道，收集国内外关于农村义务教育的相关文献资料。对收集的文献进行分析整理，牢牢把握住乡村振兴与农村义务教育发展的关系，最后对国内外相关的研究状况进行梳理，为进行民族地区农村义务教育研究提供坚实的文献基础。在实地调研中查阅和收集相关的文件资料，如工作简报、工作计划、年鉴、总结等。收集到资料后认真整理和分析，让研究问题有具体材料和充足的数据佐证。

（2）观察法。

为了对龙胜镇农村义务教育发展情况有真实的了解，笔者首先去龙胜县教育局了解龙胜镇各小学与初中的大致情况，取得一定线索后再去龙胜镇的初中和小学进行实地走访，在走访过程中通过观察深入了解龙胜镇初中和小学的发展情况及学生与教师的实际情况。除此之外，在龙胜镇人民生活的村庄集市观察当地学生与家长生活的日常行为及对话等，从而了解龙胜镇义务教育发展的真实情况，获取真实可靠的资料。

（3）访谈法。

笔者在预调查的基础上设计出访谈大纲，通过访谈获取真实资料。访谈提纲分为四个部分：第一部分是对访谈对象基本情况相关信息的收集；第二部分是教育局科员、学校领导、教师的访谈提纲，访谈的主要内容有对龙胜镇农村义务教育发展的看法、存在的问题等；第三部分是农村家长的访谈提纲，访谈的主要内容有对学校的满意度、对陪读的看法等；第四部分是学生的访谈提纲，主要内容有对学校的满意度、对教师教学的满意度等。在走访过程中围绕访谈提纲，对访谈对象开展访谈，在访谈的时候进行真实详细的录音和文字记录。共访谈了31人，先对31名访谈对象按照学校领导、教师、学生、家长和教育局科员分为五类（学校领导3人、教师8人、学生9人、家长8人、教育局科员3人），同类内部再按访谈时间先后进行排序，序号为L1至L31（见附录一）。后期通过录音和笔记整理出文字资料，对文字资料进行编码和分析。通过访谈不同的受访者，获取不同主体和不同角度的观点，为本文提供真实可靠的资料。

（四）理论基础

（1）结构功能主义理论。

结构功能主义理论认为社会是具有一定结构或组织化手段的系统，社会的各组成部分以有序的方式相互联系，并对社会整体发挥着重要的功能，如同生物有机体需要通过其不可或缺的生物器官的协调合作才能保持正常运作一样。

第二次世界大战以后，西方国家（特别是美国）非常需要稳定世界大战造成的混乱局面，所以要建立一个良好的社会系统。基于第二次世界大战后美国的现实背景，美国社会学家帕森斯（Talcott Parsons）结合功能主义和结构主义，创造了结构功能主义理论。他认为应该注重对社会整体的研究，要使各个部分都能发挥其良好的作用，从而使整体能够更好地运行，并且把研究的焦点放在社会各个部分的相互配合上，研究分析各个部分如何更好地配合，维护社会的稳定。同时，他认为应该进一步研究分析在社会系统运行中，各个结构是如何发挥其"功能"以维护整个系统稳定的。这与当时的实际情况吻合，所以该理论一经提出便备受关注，很多领域也开始应用这个理论来分析问题，对社会的发展起到了推动作用。

结构功能主义理论强调，每个社会都是由许多不同的部分组成的一个相对持久、稳定的结构。要特别注意社会结构中的每一部分对于社会整体生存所发挥的作用。社会制度、规范和角色功能的发挥，有助于保持社会的均衡、促进社会的发展。综合就是指社会结构中的各个部分，彼此间结合成一个统一的整体，社会的各个部分之间是相互依存、彼此协调的关系。因此，本研究结合结构功能主义理论，将龙胜镇农村义务教育视为一个整体，学校、学生、家庭、教师等是这个整体的组成部分，要保证各个部分的良好发展，农村义务教育这个整体才能得到更好的发展。

（2）社会学习理论。

社会学习理论最具代表性的人物是阿尔伯特·班杜拉（Albert Bandura），其主要贡献是突破了传统行为主义的理论框架。他把认知和行为联合起来分析社会学习，强调社会环境和认知因素对学习的影响，既关注个体的行为表现，也关注个体行为的习得过程，认为自我调节会影响个体行为的改变。

班杜拉认为观察学习是社会学习一个非常重要的途径。观察学习可以分为三大类：直接观察学习、抽象性观察学习、创造性观察学习。观察学习是一个从他人身上获得信息的普遍过程。班杜拉认为这个过程包括四个组成部分：一是注意过程，即学习者在环境中的定向过程，学习者通过注意来选择观察和模仿的对象。二是保持过程，即观察者在吸收了榜样的行为之后在头脑中保持所见内容的符号形式。这种符号形式既可以是视觉表象，也可以是言语编码。三是再现过程，即将榜样的示范通过一定的运动技巧转化为相应的行为，经过精心的练习和自我调整模仿，动作会变得越来越准确。四是强化和动机过程，强化可以通过自身直接强化，也可以通过榜样行为间接对观察者强化；动机却是通过观察者强化引起的作用，观察者可能去操作这一行为也可能不去操作这一行为。

班杜拉的社会学习理论从人的社会性角度研究学习问题，强调个人认知、环境和行为的交互作用，以及三者的交互理论在人的社会化过程中的作用，认为观察与模仿是儿童获得具有社会意义的角色行为的重要途径。因此，基于社会学习理论，农村义务教育在发展的过程中要注重家庭、学校环境对于学生学习与身心发展的作用，为学生的学习和发展提供优质的学校环境和家庭教育环境。

二、龙胜镇农村义务教育的现状考察

龙胜镇是少数民族聚居地，当地政府和人民结合龙胜镇乡村的实际情况不断摸索前进，采取多种措施使农村义务教育得以稳定发展，并取得了一定的成就。

（一）龙胜镇概况

龙胜各族自治县地处越城岭山脉西南麓的桂湘边陲。龙胜各族自治县是桂林市管辖的 12 个县之一，全县总面积 2 538 平方千米，地形以山地为主，山地面积占总面积的 87.2%。[①]

龙胜镇是龙胜各族自治县的中心镇，位于广西壮族自治区东北部，桂林市西北部。龙胜镇境内地貌类型单一，以山地为主，平原较少，植被丰富，丛林茂密；境内水系众多，大、小河流均汇入主流河桑江。龙胜镇面积为 330 平方千米，一共有 14 个村庄，包括平野村、都坪村、金结村等，

① 龙胜各族自治县地方志编纂委员会. 龙胜年鉴：2018 [M]. 北京：方志出版社，2018：50.

共有 49 883 人。①

龙胜镇是多民族聚居的地方，少数民族有 38 908 人，占当地总人口的 78%，主要是侗族、苗族、瑶族、壮族等。② 龙胜镇每个少数民族都有自己独特的传统节日。每到节日这一天，人们就会穿上传统服装，戴上传统首饰，齐聚在举办典礼的地方，用丰富多彩的活动来庆祝本民族的特色节日。除了过节以外，每个村赶圩的日子不同，有 2 月 15 日、4 月 2 日等。每到圩日这一天，村里就会变得非常热闹，街上人山人海，吆喝声、叫卖声、欢笑声此起彼伏。白天人们买东西赶热闹，晚上观看大家精心准备的晚会，晚会的节目有小品、彩调、唱歌、三句半等。

图 1　白岩屯阳光玫瑰葡萄园（笔者摄于 2021 年 8 月 12 日）

龙胜镇的基础产业是农业。面对高山峡谷，龙胜人民凭借自己的智慧与勤劳的汗水，充分利用龙胜镇的地理环境优势，逐渐形成了特色农业，建立了以油茶、茶叶、罗汉果、凤鸡、翠鸭、亚冷水鱼为主的"两茶一果加特色养殖"主导产业。龙胜镇农民种植的农作物主要有水稻、红薯、玉米等，也会种植芋头、木薯、马铃薯等。龙胜镇降雨量充沛、土壤肥沃，适合种植多种水果，包括猕猴桃、百香果、葡萄等。如今已经建有下黄组

①　龙胜各族自治县统计局、龙胜各族自治县第七次全国人口普查领导小组办公室. 龙胜各族自治县第七次全国人口普查公报 [EB/OL]. (2021 - 06 - 28). http://www.glls.gov.cn/zjls/rk-mz/202106/t20210629_2083121.html.

②　龙胜各族自治县统计局、龙胜各族自治县第七次全国人口普查领导小组办公室. 龙胜各族自治县第七次全国人口普查公报 [EB/OL]. (2021 - 06 - 28). http://www.glls.gov.cn/zjls/rk-mz/202106/t20210629_2083121.html.

猕猴桃园、白岩屯阳光玫瑰葡萄园（图1）等水果示范园，产量非常可观，每到水果成熟的时候，有很多城里游客前来观光和采摘水果。[①]

龙胜镇是以汉族和苗族、瑶族、侗族、壮族四个少数民族为主的多民族聚居地，有美丽的自然风景、多彩的民族风情、热情好客的居民。龙胜镇的各个少数民族相处得非常融洽，各族人民经过长年的和谐相处，彼此之间形成了独具一格的民族风俗和民间技艺。龙胜镇以自身地理环境与民族特色为优势建设了民族风情浓郁的少数民族村寨，吸引了很多游客。其中最为出名的少数民族村寨是银水侗寨，这是个集桥、亭、廊三位一体的侗族少数民族民俗村寨，有瀑布飞流，远望似银链，故名"银水侗寨"。除了少数民族特色村寨以外，龙胜镇的河景也很优美，如位于拉秀水电站源头的"小九寨沟"（图2）就吸引了很多自驾游的旅客。

图2 拉秀"小九寨沟"（笔者摄于2021年8月10日）

（二）龙胜镇农村义务教育发展概况

龙胜的小学教育历史可以追溯到清乾隆年间。乾隆六年（1741），官绅始于龙胜办义学，以忠君、尊孔为教育宗旨，《幼学琼林》、"五经"、

---

① 龙胜各族自治县地方志编纂委员会. 龙胜年鉴：2018 [M]. 北京：方志出版社，2018：316.

"四书"为教材。① 中学教育开办则相对较晚，1942 年龙胜才创办了第一所中学。这些年来，随着义务教育扶贫、"全面改薄"等政策的实施，龙胜镇义务教育的发展有了良好的政策环境，发展水平也得到了一定的提高。但是龙胜镇要攻克农村义务教育的难点还需要一定的时间，因为龙胜镇农村义务教育的发展仍然存在许多突出的问题。本研究聚焦龙胜镇农村义务教育发展的实际情况。笔者于 2020 年 10 月 27 日至 11 月 27 日，对龙胜镇的初中和小学进行实地考察，对龙胜镇的学校布局、办学条件、在校生与师资进行深入调查。根据研究需要，笔者于 2021 年暑假期间在龙胜镇进行补充调查。

1. 龙胜镇农村义务教育学校布局

龙胜镇一共有 4 所小学和 1 所初中，其中小学是 2 所村小和 2 所镇小。龙胜镇地处山区，人口较少且分散，撤点并校政策实施以后，小学分为两种：村小和镇小。村小是不完全小学，只开设学前班和一、二年级，不开设三年级及以上的班级，三年级到六年级的学生要去龙胜镇中心的两所小学读书。村小是平野小学和金结小学。这两所小学与镇上的小学相比，存在着一定的差距。受出生率下降、外出人口增多、撤点并校的影响，村小的学生比较少，学校的基础设施也较为落后。龙胜镇中心的两所小学分别是龙胜镇第一小学和龙胜镇扶贫移民小学。这两所小学生源较多，师资充足，拥有良好的硬件设施。初中只有 1 所，就是翰林中学。因为学生、家长都追求去县里读初中，所以翰林中学的生源数量和质量都在下降，几乎都是由于县里学生人数饱和而去不了县里读初中的学生。综上，龙胜镇受地理位置、经济发展和政策的影响形成了现在的学校布局，而农村的不完全小学因为师资力量薄弱、办学条件差，基本处于低水平运转状态。

2. 龙胜镇农村义务教育学校办学条件

龙胜镇的小学在办学规模和硬件资源配备上相对落后于县城的学校。从教室、体育运动场馆、学生宿舍这三类基础设施来看：龙胜镇的镇小教室充足且装修精良，但两个村小一个年级就一个班，教室、教学楼陈旧；镇小有专门的体育运动场馆，体育设备丰富，而村小只有一个陈旧的操场，没有专门的体育馆，体育设备也较为缺乏；镇小及初中的学生宿舍基

---

① 龙胜县志编纂委员会. 龙胜县志 [M]. 北京：汉语大词典出版社，1992：574.

本能满足学生住宿需求且条件良好，宿舍里都配备卫生间，洗澡有热水供应，而村小的宿舍楼陈旧，住宿条件较差。由此可见，龙胜镇镇上的学校在基础设施和教学设备等方面都符合学校办学的常规标准，而两所村小无论是教学楼还是食堂等基础设施都落后很多。因此，从龙胜镇学校的办学条件上看，村小和镇小存在一定的差距。

3. 龙胜镇农村义务教育在校生情况

根据县教育局 2020 年的统计结果，龙胜镇义务教育阶段学生总计1 564 人，其中平野小学 34 人、金结小学 45 人、龙胜镇第一小学 786 人、龙胜镇扶贫移民小学 532 人、翰林中学 167 人。因为撤点并校政策硬性规定村里三年级以上的学生要到镇上读书、进城打工的父母把孩子带到城里读书、龙胜镇农村人口出生率下降等的影响，龙胜镇两所村小的生源不断减少。在 2000 年的时候，龙胜镇两所村小有 620 名学生就读，现在一共只有 79 名学生在村里读书。[①] 因为在村小读书的学生少，而且是不完全小学，政府对这两所小学投入的建设资金没有镇上的学校多，所以龙胜镇的两所村小逐渐落寞，和镇上的小学存在一定差距。这对龙胜镇农村义务教育产生了不利影响，阻碍了龙胜镇农村义务教育的发展。

4. 龙胜镇农村义务教育师资情况

根据实地走访和教育局 2021 年 8 月的统计资料，龙胜镇共有小学教师106 名、初中教师 28 名。其中平野小学教师 3 名、金结小学教师 4 名。这两所村小是不完全小学，教师和学生的数量都比较少。龙胜镇第一小学有教师 52 名；龙胜镇扶贫移民小学有教师 47 名；翰林中学有教师 28 名。其中师范类毕业的教师共有 42 名，尚无研究生学历的教师；女教师共有 72 名，比男教师多；40 岁以上的教师有 77 名，教师队伍年龄偏大。[②] 在农村的不完全小学，教师比较少，没有音乐、美术、体育等专任教师，而镇上小学的师资相对比较丰富，龙胜镇义务教育的师资在村镇两级相差比较大。具体见表1。

---

① 《龙胜年鉴（2020）》——教育［EB/OL］.（2020 – 06 – 01）. http://www.glls.gov.cn/zwgk/gdzdgk/zdly/shgysy/jyly/jyzcygh/202006/t20200601_ 1819669.html.

② 《龙胜年鉴（2020）》——教育［EB/OL］.（2020 – 06 – 01）. http://www.glls.gov.cn/zwgk/gdzdgk/zdly/shgysy/jyly/jyzcygh/202006/t20200601_ 1819669.html.

表 1 龙胜镇义务教育学校在校生与教师数量统计表①

学校	在校生	教师
平野小学	34 人	3 人
金结小学	45 人	4 人
龙胜镇第一小学	786 人	52 人
龙胜镇扶贫移民小学	532 人	47 人
翰林中学	167 人	28 人
总计	1 564 人	134 人

（三）龙胜镇农村义务教育取得的成就

在党和政府的重视下，在"全面改薄"等政策的推行下，龙胜镇农村义务教育得到了新的发展机遇，并取得了一定的成绩。

1. 九年义务教育全面普及

龙胜镇一直都很重视义务教育的发展，把义务教育发展事业摆在优先发展的战略地位，认为义务教育是教育事业的重点部分，并采取了一系列措施推动龙胜镇农村义务教育的发展。龙胜镇义务教育事业取得的最大成就就是普及了九年义务教育。2001 年，龙胜镇贯彻落实"两免一补"政策，免除了龙胜镇义务教育阶段学生的书本费、学杂费，并补助了寄宿学生生活费。2006 年，龙胜镇落实国家"关于深化农村义务教育经费保障机制改革"的通知，免除了龙胜镇农村义务教育阶段学生的学杂费。2014—2020 年，龙胜镇全面进行"控辍保学"，对龙胜镇义务教育阶段的学生进行全面排查，不漏一人，把每个学生纳入就读保障。同时，龙胜各族自治县在未全面脱贫以前是国家扶贫开发重点县，贫困家庭很多，跟着年纪较大的爷爷奶奶生活的留守儿童也很多，因为父母去外地打工了，留守儿童的生活困难。虽然免除了这些低收入家庭学生的学费，但还是存在贫困学生在学校生活困难的情况。针对存在的问题，政府实施了特殊的政策，提高了对困难家庭孩子的资助力度，每年拨款 10 万元给困难学生群体，解决他们在校吃饭的问题。因为龙胜镇是山区，地形险峻复杂，上学路费较高，面对复杂的交通情况，2013—2019 年政府总计拨款约 30 万元补助路

① 《龙胜年鉴（2020）》——教育［EB/OL］.（2020 - 06 - 01）. http://www. glls. gov. cn/zwgk/gdzdgk/zdly/shgysy/jyly/jyzcygh/202006/t20200601_ 1819669. html.

费。就这样，困难学生在学校的伙食费和往返学校的路费都解决了。现在龙胜镇基本实现国家"两基"目标，九年义务教育得到普及。

现在的小孩子多么幸福，上学有早点发，有牛奶喝，回家有路费报销，课本免费，学杂费也没有，真是太幸福了。如果我小时候有这样的学习条件，也不会因为家里条件差而辍学，我读初中的时候成绩很好的，很想一直好好读书，可是我妈妈得了重病，家里没钱了，我就中途辍学了。当时我才初中二年级，我姐去帮我收拾行李回家，我在回家的路上一直哭。如果当时有现在的政策多好，我肯定会有机会继续好好读书，找一份好工作，现在也不至于文化水平不高。（家长 L27，2021 - 08 - 13）

我们现在上学条件可好了，早上给我们发放免费的鸡蛋、牛奶等早餐，我都吃不完，把剩下的带回去给爸爸妈妈或爷爷奶奶吃，他们夸我有孝心，说我懂事，也说现在读书的孩子真是太幸福啦，还有免费的早餐吃，以前他们饭都吃不饱呢，真是一代比一代好。他们还告诉我要好好学习，能有这么好的条件，要好好珍惜。（学生 L4，2020 - 11 - 16）

2. 教育信息化程度逐渐提高

龙胜镇的初中和小学遍布着这样美好的景象：龙胜镇一群可爱的学生坐在电脑前，认真跟随老师教的步骤操作电脑，他们全神贯注且脸上洋溢着开心的笑容。近年来，全镇投入了约 285 万元实施多媒体教室工程，建成现代化"班班通"教室 84 个，全镇的初中和小学多媒体"班班通"教室达 90% 以上，配备电脑 100 多台。近年来为中小学校筹措资金建立多媒体教室 64 个，安装计算机 172 台。龙胜镇投入经费 231 万元，让全镇的技术人员对各乡镇中心小学的 154 套项目设备进行了认真清查整理，并对旧电脑进行全面清理。现在龙胜镇初中阶段平均每 10 名学生拥有计算机 1台，小学阶段平均每 10 名学生拥有计算机 0.8 台，全镇完成了计算机办公室的网络线路、教室闭路线的同步改造工程，全镇计算机平均台数大幅度提高。2019 年，镇政府投入经费 247 万元，为龙胜镇扶贫移民小学采购信息化设备。[1]

① 龙胜各族自治县教育局 2019 年工作总结及 2020 年工作计划 [EB/OL]. (2019 - 11 - 06). http://www.glls.gov.cn/zwgk/gdzdgk/zdly/shgysy/jyly/jyzcygh/.

我们家孩子小学就上信息课了，接触了电脑，会得可多了，他说他用电脑打字可快了，以后工作肯定会用到电脑。早点学会用，对孩子的未来发展有帮助。上课老师也是用多媒体上课，开家长会的时候，老师也用多媒体给我们播放了关于教育孩子的视频，我收获很多，学会了一些和孩子相处、教育孩子的方法，真好！（家长 L23，2020 - 11 - 16）

现在上课老师很多都用白板板书，不用粉笔写字啦，这样对老师身体好，对我们也好，不用吃粉笔灰，哈哈！老师上课用 PPT，用视频作补充，比如学习杭州西湖的内容时，老师用多媒体给我们播放生动的视频和图片，我们就像亲眼看见西湖一样，课本的内容一下子就领悟啦。（学生 L5，2021 - 08 - 16）

龙胜镇的农村学生也能够和县城的孩子一样，在适合的年龄接触到电脑，并能够学习基本的电脑技能。教师也用多媒体给学生上课，学生能够直观地感受教学内容。农村的学生能够跟上时代发展的脚步，这有利于学生的发展。

3. 学校办学条件有所改善

近年来，龙胜镇农村义务教育学校办学条件有所改善。一方面，龙胜镇中心的义务教育学校新建了宿舍楼、教学楼等，改善了学生的学习环境和住宿环境；另一方面，镇小引进了高层次的教学设施，采用现代化的教学设备和教学方式来开展教学活动，使学生能够得到优质的教育。除此之外，为了让龙胜镇农村搬迁户以及扶贫安置点的 520 多名学生可以就近、有保障地上小学，龙胜镇新建成龙胜镇扶贫移民小学。龙胜镇扶贫移民小学在 2019 年 9 月 2 日迎来了建成以来的第一个开学日。学校办学条件良好，占地面积 45 333 平方米，计划总投资 1. 15 亿元。① 龙胜镇扶贫移民小学有漂亮的教学楼、明亮宽敞的教室、崭新的课桌椅、条件优良的宿舍。优美的学习环境、优质的教育条件，让学生无比欢喜，家长更是十分高兴。从农村偏远山区的学校，到现在条件优越的中心学校，得益于龙胜镇扶贫移民小学的建立。

以前我们两口子都在镇上打工，孩子却在村里读书，没能得到我们的照顾，平时也不能经常看见他，现在他能来镇里读书，实在是太好了，我

---

① 龙胜各族自治县教育局 2019 年工作总结及 2020 年工作计划［EB/OL］．（2019 - 11 - 06）. http://www.glls.gov.cn/zwgk/gdzdgk/zdly/shgysy/jyly/jyzcygh/.

们感到非常开心，可以放心地工作了。（家长 L23，2020 - 11 - 16）

我是去年来到这个学校读书的，能来到这里读书我真的开心极了，能在这么好的环境下读书，我一定会好好读书、努力学习的。（学生 L4，2020 - 11 - 18）

现在我们的住宿条件比以前好多了，以前我姐在这里住校的时候，一个房间里住 40 多个人，两个人睡一个铺位；宿舍里没有洗漱间和厕所，只能周末回家或者请假回家洗澡，半夜不敢上厕所，因为厕所离宿舍较远。现在我在学校住宿，一间宿舍住 14 个人，每个人一个铺位，宿舍里也有洗漱间和厕所，比以前好太多了。（学生 L9，2021 - 08 - 24）

三、龙胜镇农村义务教育发展存在的突出问题

近年来，龙胜镇的义务教育事业得到了一定的发展，九年义务教育在全镇范围内得到基本普及，九年义务教育巩固率达 91.77%。[①] 但是，龙胜镇因为外出务工人口增多，农村的生源数量和质量都在下降。而乡村发展的主体是人，人口变少，就没有充足的劳动力和足够的人才建设乡村，乡村就会逐渐变得荒凉，就难以实现乡村振兴的目标。乡村振兴战略要求优先发展教育事业，而农村义务教育是乡村教育中重要的一部分，但目前龙胜镇农村义务教育还存在一些突出问题，不利于其进一步发展。

（一）教育资源配置不均衡

1. 基础设施差距大

基础设施是学校实施义务教育的重要条件。龙胜镇两所村小有足够的占地面积，能够进行基本的教学活动，但教学楼和宿舍楼较老旧，多年未翻新，外面的墙皮已经脱落，不美观且存在安全隐患，课桌椅陈旧且损坏严重。虽然村小是不完全小学，学生较少，但是也要加强学校基础设施的建设，以保证教学活动的正常开展。镇上的学校有新的教学楼和宿舍楼，基础设施比较完善。

---

① 龙胜各族自治县地方志编纂委员会. 龙胜年鉴：2018 [M]. 北京：方志出版社，2018：272.

我们村这个学校学生少，很多年都没有翻修过，教学楼外面的墙都脱皮很多年啦，现在还是这样，课桌椅也一样，很旧，和镇里的学校没法比。我的孩子到镇上读书以后，带他去报名的时候看见学校里一栋栋气派的教学楼、宿舍楼，环境看起来比我们村里的学校好多啦，孩子在这样的环境里学习应该会开心一点。（家长 L21，2020 - 11 - 14）

我在村里的小学读的学前班和一、二年级。我们村里的小学没有专门跑步的地方，操场的地面有小坑，树木没有几棵，花也没有多少，校园绿化做得不好，仅有的一栋教学楼也是很老、很旧了，课桌椅也很少有完好无损的。等我三年级时到了镇里的小学读书，感觉和村里的小学真是天壤之别，美丽干净的校园、崭新的桌椅等都和以前的小学不一样。（学生 L9，2020 - 11 - 15）

图3 平野小学（笔者摄于 2020 年 12 月 25 日）

2. 配套设施不均衡

龙胜镇的两所村小与镇小相比，在配套设施上存在很大差异。龙胜镇的两所村小仅有一个水泥操场，地面坑坑洼洼；虽然有校园广播系统和多媒体教学系统，但是因为乡村网络不是很好，多媒体电脑的用处没有得到发挥；没有音乐室和美术室；图书室只是一个很小的房间，并且里面书籍很少。而镇上的学校有着丰富的教学设备，配套设施比较齐全，比如图书室、计算机室、音乐室、美术室、塑胶跑道和操场。

表2　平野小学与龙胜镇第一小学配套设施对比一览表①

配套设施	平野小学	龙胜镇第一小学
塑胶运动场	无	有
音乐室	无	有
图书室	有	有
计算机室	无	有
美术室	无	有

　　我们学校的操场都有坑了，下雨天还会积水，一不小心就会踩到水坑里去，鞋子袜子都湿了。我有时想看自己感兴趣的书，到图书室去找也找不到，我在镇上读书的朋友知道我找这本书以后，帮我从他们学校图书室借来。我们的图书室不光是找不到想要看的书，并且很小，大约20平方米的样子，图书室里的书大多也很旧了，还是在镇上读书好，想看什么书都找得到。（学生L1，2020－11－18）

　　我特别喜欢跑步，好想在塑胶跑道上奔跑，那样肯定会特别愉快。但是我们小学目前没有塑胶跑道，只有一个面积不大的水泥操场，在上面跑步的体验感不是很好，而且不小心的话容易摔倒，因为我们的操场地面不平坦。好期待去镇里的小学上学，学校里面有塑胶跑道，还有丰富的体育器材与设施。（学生L9，2021－08－24）

　　3. 教育资源浪费与匮乏情况并存

　　要想龙胜镇农村义务教育得到良好的发展，就要把教育资源分配好，因为教育资源的合理分配对于学校开展教学活动很重要。龙胜镇村小和镇中心学校的教育资源不能存在较大的差距，要合理发展，既不能浪费也不能匮乏，而龙胜镇学校的教育资源却存在浪费与匮乏并存的现象。经过实地走访发现，龙胜镇教育资源匮乏体现在村小上：图书室、食堂、音乐室、美术室等的建设不够完善，体育课和课外活动锻炼的体育器材不够，校园设备也没有实现智能化。村小的教师在住校时没有热水洗澡，图书室里还是人工登记，这一点与镇里的学校存在着一定差异，因为镇里的两所小学基本实现智能化，图书室是用电脑登记管理的，冬天洗澡时刷卡就会有热水。教育资源浪费体现在：两所村小的建立符合国家规定的办学标

---

　　① 此表是笔者根据调研资料整理所得。

准，教学楼、教室、课桌椅数量都符合规定标准，后来因撤点并校政策等
因素的影响，进城读书的学生越来越多，在两所村小读书的学生越来越
少，所以现有的教室对于一个班只有十几个学生的情况来说是浪费空间；
因为学生少，教师不怎么用多媒体上课。

在我们镇，农村的学校在办学条件上和镇上的学校存在着一定差距，
如镇上学校教学楼比较新，课桌椅、篮球场也比较新，但是因为镇上的学
校就读的学生比较多，所以在教育资源人均占比上还是比较紧张，如出现
教室坐满学生的拥挤情况，但是教室不多坐一些学生，就会出现学生没有
地方坐的情况。而农村学校因为人少，我在下乡视察时看见一个班只有十
几个人的情况很多，教室都没坐满。农村学校的图书资源、教学设备等又
比较匮乏，所以存在教育资源匮乏和浪费同时出现的情况，主要是农村学
校人太少，而镇上的学校人太多了。（教育局科员 L30，2020-11-20）

我们学校是一个农村的不完全小学，愿意留在这里教书的教师都是有
一定年纪的。这些教师从一开始教书都是用粉笔写字，所以就算现在有多
媒体了，他们也懒得学，尽管他们知道用多媒体上课有很多益处，但是他
们还是习惯用粉笔板书，他们毕竟用习惯了嘛。那些老教师不太会操作多
媒体，而且我们农村小学的设备坏了，还得打电话叫师傅大老远地跑来
修，麻烦得很。（校长 L10，2020-11-13）

龙胜镇村小教育资源的浪费主要体现在：因为上学人数变少，村小的
很多教室和宿舍都空着；教师用多媒体上课的次数少，利用率不高。镇上
小学有的班级学生太多，一个班的人数过多是资源匮乏的表现。镇上学校
和村小教育资源配置仍不均衡，主要体现在村小的音乐、美术等素质拓展
课缺乏专用的教学设备与器材。近几年虽然实施了一系列推进农村义务教
育发展的政策，农村学校的发展也取得了一些成就，但是村镇差异还是存
在的。

（二）教师队伍结构不合理

教师是学校实施义务教育的核心力量，民族地区农村义务教育向前发
展的关键在于拥有良好的师资队伍。龙胜镇农村义务教育阶段的学校不仅
需要数量充足的教师队伍，而且需要学历、学科、年龄等方面结构都合理
的师资队伍，来教授民族地区农村学生知识和人生哲理，使他们得到全面

发展。但是，目前龙胜镇农村义务教育师资队伍结构不合理问题突出。

1. 教师队伍年龄偏大

龙胜镇义务教育阶段学校面临着年轻教师难以招进且招进之后难以留住的难题，所以坚守岗位的教师大多数年龄比较大，这就造成了教师队伍年龄偏大的问题。据统计，龙胜镇两所村小教师平均年龄46岁。[1] 他们大多数是有20多年教学经验的老教师，有着丰富的教学经历，家里也在农村，对于工作的稳定性要求比较高，所以不会轻易离职。从表3可知：在龙胜镇义务教育学校，40岁以上的教师占总体数量的58%，可见龙胜镇义务教育阶段教师队伍年龄偏大。龙胜镇义务教育教师队伍需要年轻教师的加入，因为老教师迟早是要退休的，而且有的老教师思想较为保守，跟不上时代的发展，在教学方法上也比较单一，不够丰富多彩。年轻教师的加入可以让农村教师队伍有所改变并增加活力，丰富教学方法，有利于促进农村义务教育的良好发展。但是因为农村学校条件艰苦，年轻教师一旦考上公务员或是有其他的就业机会，就离开了。

表3 龙胜镇农村义务教育教师年龄分布情况[2]

年龄区间	人数	占比
20~30岁	22	16%
31~40岁	35	26%
41~50岁	53	40%
51~60岁	24	18%

来我们学校教书的年轻老师很少有一直都留在这里的，他们大多来这里教书没有多久就找机会调出去了，再来几个年轻老师也是一样。学生对他们有感情的时候，考上公务员或者有更好的单位就离开了，等到他们走的时候孩子们会很难过，然后又需要重新适应。我们学校一共只有三个班，学生比较少，所以老师也比较少，只有三个老师，且都是快到退休的年纪了。年轻的老师也不想一直留在农村的学校教书，因为农村条件较差，人也比较少，他们可能也耐不住寂寞。总之种种原因，我们学校的老

---

① 数据来源：访谈对象L14提供，访谈时间：2020年11月2日，访谈地点：龙胜镇平野小学。

② 《龙胜年鉴（2020）》——教育［EB/OL］.（2020-06-01）. http://www.glls.gov.cn/zwgk/gdzdgk/zdly/shgysy/jyly/jyzcygh/202006/t20200601_ 1819669. html.

师都是年纪大的，没有年轻的血液注入，这也是一个难以改变的现象。（校长 L10，2020 - 11 - 13）

我们镇的村小缺年轻老师，因为学校留不住老师，留不住人才。有些年轻老师在农村学校工作一阵子，觉得太辛苦就又辞职了。学校一直都很缺年轻老师，老师的流动性也很大，长久留在学校的大多是年龄较大的老师，但我们也无可奈何。（教务主任 L11，2020 - 11 - 13）

龙胜镇发展机会有限，难以留住年轻教师，大学生毕业后来到龙胜镇的初中和小学工作，不久又陆续离开了，而能一直在学校教书的都是年龄较大的教师，从而造成龙胜镇农村义务教育阶段教师队伍年龄偏大的现象。

2. 教师学科结构不合理

音乐、体育、美术等专任教师是学校实施素质教育的关键力量，是整个教师队伍中的重要组成部分，也是培养学生综合素养的灵魂塑造者，可以促进学生的全面发展。龙胜镇农村义务教育存在教师学科结构不合理的现象，学校缺乏音乐、美术、体育等专任教师。笔者在实地调查中得知：龙胜镇第一小学的音乐教师只有 2 名，美术教师只有 1 名；两所村小更是没有音乐、体育、美术等专任教师。平野小学的周老师是这个学校的校长，同时教数学和音乐；金结小学的石老师负责数学、体育的教学。村小除了没有音乐、体育、美术等专任教师以外，也没有专业的教学设备。音乐课没有专用乐器用来教学，体育课任由学生在操场上自由活动，美术课让学生照着课本自己画。长此以往，学生的综合素养难以提升，更不用提全面发展了。

我的孩子到了读书的年纪，送他去学校上学，等他放学回来，我问他任课老师都有哪些，从他的回答中可知好几门课的老师都是一样的，真是和县城的学校没法比。我姐姐的孩子就在县里的小学学习，音乐、美术这些课都是有专门的老师上的，他们还去上美术、心算、钢琴等兴趣班，都怪家里没有条件送孩子去县里上学，让他受到更好的教育，现在输在了起跑线上。（家长 L22，2020 - 11 - 20）

龙胜镇义务教育学校的教师学科结构不合理，音乐、体育、美术等专任教师稀缺，在农村的不完全小学里没有专任教师。这不利于农村学生的全面发展，会与县城的学生产生差距。这已成为制约民族地区农村义务教育向前发展的关键因素。

（三）学生学习积极性不高

要想龙胜镇的农村义务教育得到发展，学生的成绩也是一个重要的指标。学生要想学习成绩得到提高，首先得对学习感兴趣，能积极主动地去学习，而不是在家长、教师的施压下才去学习。这样学生很难体会到学习的快乐，还会对学习产生排斥的心理。只有学生自身认识到学习的重要性，意识到学习各科知识可以提高个人素质，对未来的人生有促进作用，才会提高学习的主动性，从而提高学习成绩，进而助推龙胜镇义务教育的发展。近年来，龙胜镇农村义务教育阶段学生学习积极性欠缺，很多学生有厌学心理。笔者在实地考察期间经常看见很多学生在上课铃声响了很久以后，才慢悠悠地走进教室；走进教室后，上课时注意力也不集中，经常做与课堂无关的事，比如看课外书、和同学聊天、睡觉、发呆等；晚自习很少有学生做作业或做与学习有关的事情。除此之外，学生对教师和家长提出的学习要求，经常故意抵触。受访的谢老师表示他们班很多学生觉得学习是一件无所谓的事情，更不会把考试放在心上；面对教师布置的作业迟迟不愿写，等到快要交作业的时候随便写写，交上来的作业质量很差。

不知道现在有什么办法或者给孩子看点什么正面案例，拉回学生的思想，我们班上的学生好多都不想读书了，整天只想着挣大钱。好多学生的学习成绩很差，居然有考个位数分的，不知道来学校是干什么的，真是不知道怎么办才好。（教师 L14，2020 - 11 - 24）

学习有什么用呀，我再怎么努力也不能成为尖子生，还不如多玩一点，琢磨怎么做生意也好，班主任还让我们向学习成绩好的同学学习，但和他们在一起一点也不好玩，他们整天只知道学习。（学生 L8，2021 - 08 - 24）

龙胜镇农村义务教育阶段很多学生没有意识到学习对自身发展的作用，认为读书无用，觉得不读书去做生意照样能成为有钱人，或者经过打拼也能成就一番事业。

（四）课程缺乏本土性和民族性

龙胜镇是苗族、瑶族、侗族、壮族等少数民族的聚居地，各少数民族文化相互交融是龙胜镇的特色。但是龙胜镇农村义务教育学校的课程设置没有考虑到当地学生的生活背景，没有与民族地区的生产生活相结合，与民族地区农村社会的地域性、实际性相脱离，课程内容没有体现龙胜镇的自然资源、生产方式和生活方式等。与此同时，课程设置也缺乏民族传统文化的内容，缺乏对龙胜镇各少数民族传统文化的维系和传承。笔者在实地考察期间发现：龙胜镇农村义务教育学校现行的课程设置中，没有专门讲述当地少数民族文化的课程，如表4所示，也没有将历史、传统、习俗、艺术、语言文字、服饰等民族文化中的优秀内容和精华部分，糅合到基础学科的课程内容中。所以当地的少数民族学生很少能在学校中接触到本民族的文化。

表4　龙胜镇第一小学五年级×班课程表①

时间		星期一	星期二	星期三	星期四	星期五
上午	课前	早读				
	第一节	数学	语文	数学	英语	语文
	第二节	语文	数学	英语	语文	数学
	大课间	课间操				
	第三节	英语	英语	语文	数学	英语
下午	第四节	美术	保健	信息技术	自然	音乐
	第五节	思想品德	语文	体育	数学	英语
	第六节	体育	音乐	思想品德	美术	班队会

我们这个地方教育还有一个最大的缺点，就是课程内容没有与龙胜镇的生活实际相结合，我们的教材和其他地方的都一样，没有地方的特色，比如我们镇的人广泛种植罗汉果，我们在自然课上其实应该有关于罗汉果的知识，比如说罗汉果是怎么种植的，怎么风干拿来做药的，但是现在课程中还没有，挺可惜的。（教育局科员L31，2020-12-21）

我们学校没有专门讲述传统文化的课程，其实这也挺可惜的，毕竟我们是少数民族聚居地，应该很有民族特色的，但是我们没有这方面的课程，元旦晚会表演民族歌舞的也越来越少。虽然我们平时也会开展一些关于民族文化的班会，但是这样远远不够，慢慢地，我们的民族特色就会消失了，白白有这么多少数民族的存在了。（校长L10，2020-11-13）

我对少数民族文化很有兴趣，想学习与少数民族文化有关的课程，比如我们民族的历史、我们民族优秀的传统文化，但是我们上音乐课，老师

---

① 资料来源：龙胜镇第一小学5年级×班何老师提供。

教的是流行歌曲，民族传统的歌曲都不教，真是很遗憾。毕竟少数民族的知识文化还是很宝贵的，希望有机会在学校能学到。（学生I4，2020 - 11 - 16）

龙胜镇的义务教育没有与当地实际情况结合起来，义务教育阶段学校的课程设置和教学内容未能充分体现少数民族地区农村学生独有的特点，也未能充分体现龙胜镇多民族聚居的特点。

四、龙胜镇农村义务教育发展存在问题的原因分析

龙胜镇农村义务教育在得到长足发展的同时，依然存在一些问题。由于历史、地理、经济等因素的影响，龙胜镇农村义务教育在城乡之间、校与校之间还存在一定的差异，村小和镇小所拥有的教育资源不同，镇小的学生能享受更多、更优质的教育资源。发现问题的同时分析问题存在的原因，在乡村振兴的背景下，才能更好地为龙胜镇农村义务教育的发展提出建议。

（一）学校方面的原因

中华民族上下五千年文明历史，拥有着璀璨的民族传统文化，在时间的长河中始终引领着中华儿女奋勇向前。传统文化中包含丰富的人文精神和道德精髓，具有重要的教育价值。而少数民族传统文化作为中国传统文化的重要组成部分，其中蕴含的人生哲理、品格精神，也在岁月的洗礼下愈加璀璨，这对少数民族地区的学生发展起着一定的促进作用。但是，龙胜镇农村义务教育学校主要设置基础学科课程，学校没有深刻认识到少数民族传统文化对学生发展的推动作用，没有关于当地少数民族传统文化的课程。龙胜镇少数民族优秀传统文化对学生的发展有利，应该受到学校的重视并且能够开设相关课程。比如民族传统文化中团结友爱、诚实守信等美好理念，可以提高学生的修养；自强不息、勤劳勇敢等民族美德，有助于学生养成良好的性格；少数民族音乐、舞蹈等传统文化艺术，可以培养学生的审美素养。除了对学生的塑造，少数民族传统文化中蕴含的人生道理，有利于解决学生在学习上与生活中遇到的问题。但是龙胜镇农村义务教育学校不够重视少数民族优秀传统文化。

少数民族文化中优秀的部分可以起到教育学生的作用，如民族歌曲中的团结友爱、勤劳勇敢等，都能使学生受启发，并且可以增加学生对本民族的了解，从而爱家乡。但是我们学校没有这方面的课程，这是一个值得重视的问题。（校长 L10，2021 - 08 - 01）

（二）师资方面的原因

国家通过"国培计划""特岗计划""西部支教计划""银龄讲学计划""三定模式"等方式加大对农村教师的支援。但是，在实践过程中，龙胜镇农村义务教育师资队伍结构在年龄、学科等方面，还是存在不合理的现象，究其原因有以下两点。

1. 职业认同感低

龙胜镇的两所村小因为是不完全小学，学生和教师都比较少。教师没有广阔的社交空间，也没有娱乐休闲的场所，工作环境与城市相比较单一。大多数人认为那些教师是实在找不到工作了才来农村当老师的，因为很多人觉得在农村当老师辛苦且工资低，只有在城市里工作才是有前途的。在种种有色眼光中，农村教师这一职业甚至会被一些人看不起，社会地位更加边缘化。要想工作者一直对所从事的工作有一颗热爱的心，首先得让其对这个职业有强烈的职业认同感，只有工作者感到这一份职业是他喜欢的，能使他有自豪感的，能让他快乐的，那么就算工资不高，他也会坚持，不会轻易转行。而对于农村教师来说，他们的工资不高且工作环境单一，付出很多又得不到相应的社会尊重。这样他们对于乡村教师这一职业的认同感就会变弱，就不会把它当作一份长久的职业来对待，只要有合适的机会，他们就会离开，比如考上公务员，或者找到另一份更好的工作。而留下来的教师尽管不再年轻，一有机会还是会调走。这样就造成了龙胜镇村小难以留住教师的局面。

我在农村小学当了几年老师，村里的人还有亲戚一直问我什么时候调出来，当农村老师工资低，出个城还要几个小时，还不如卖猪肉的，读这么多书白读了，真是穷秀才。现在要有钱才是大王，我自己也很焦虑，我每月的工资只有 3 000 元出头，我同学在市里当老师月工资有 5 000 多元。我妈昨天还打电话给我，告诉我县里招老师了，让我去应聘，还一直说让我好好表现，这是一次难得的机会，待在山里一点前途没有，别人还看不起，能应聘上县里的老师最好。（教师 L18，2020 - 11 - 19）

如果我的孩子以后想要在我们村里的学校当老师，我是很不愿意的，我会劝他想清楚，不要在村里的学校当老师，因为在我们村里当老师别人肯定看不起，又没什么进步和发展的空间，如果学生很不听话还受气，一点也不好，工资也不高。（家长L22，2021 - 08 - 08）

乡村教师工资低且不受人尊重，所以乡村教师岗位对年轻教师没有吸引力，又留不住已经招入的年轻教师，导致龙胜镇义务教育师资队伍结构不合理。

2. 职业发展机会有限

教师的成长和发展与入职学校提供的资源条件有很大的关系，而龙胜镇农村义务教育学校没有足够的教育资源来支撑新教师的成长与发展，龙胜镇义务教育资源在村镇两级存在着客观的差距。培训与进修是教师成长和发展的最佳途径，但是龙胜镇农村学校的教师培训与学习的机会相对来说较少。一般来说，因为城市学校的学生较多且地理条件优越，学校的发展受到各方关注与重视；教师作为学校教育的关键力量，他们的发展情况也备受关注，学校、教育局等为他们提供了很多培训与进修的机会，他们的专业能力也得以提高。相反在农村学校，因为学生少且所处的位置偏僻，受到的关注和得到的教育资金较少，所以农村教师的发展不被看重，培训和进修的机会少，长此以往，和城市教师的差距就越来越大。龙胜镇村级小学教师的理想与抱负在客观的条件和现实生活环境下显得被动且无力。城镇化和城市化是整个社会发展既定的和不可逆的方向，龙胜镇乡村教师在发展过程中处于被动地位，所以龙胜镇乡村学校的青壮年教师一般也无心在乡村长期发展，一旦有机会就会离开乡村学校，去城市学校求职。

我的同学在县民族中学工作，经常有去培训和交流的机会，而我在村级小学工作，很少有这样的机会，虽然我也会通过看书和网上学习来提升专业能力，但培训对专业能力提升的作用更大，因为有专家进行指导，会学到不一样的东西。城市教师有较多培训交流的机会，专业能力提高得快，在评职称时占据优势，这是我们乡村教师比不了的。（教师L14，2020 - 11 - 24）

我们学校学生少，学校里的教师都是老教师，因为学校的工作环境单一，培训与交流的机会也少，留不住年轻乡村教师。年轻教师来到这里工作以后，得不到好的发展，专业能力提升速度比城市教师慢，所以年轻教师一旦有更好的机会就辞职或者调走了。（校长 L10，2020 - 11 - 13）

龙胜镇乡村教师流动性大，主要是由两种情况造成的：一是乡村教师发展机会有限；二是乡村教师的职业认同感低。这两种情况的存在造成龙胜镇农村学校很难招到年轻教师，在职的年轻教师又想调走，或者辞职另外找一份工作。这样的情况对龙胜镇农村义务教育的发展产生了不利的影响，也不利于乡村振兴，因为吸引不到人才，没有人才的建设，乡村就振兴不起来。

（三）学生方面的原因

龙胜镇义务教育阶段的很多学生因为学习主动性差，所以学习成绩难以提高，从而阻碍了龙胜镇农村义务教育的发展。

1. 基础差

一些学生学习基础不好，对老师上课所讲的内容听不进去也听不懂，因此对学习提不起兴趣，出现厌学的现象。笔者在实地调查期间观察到他们除了对学习有抵触心理外，还会选择做其他事情来消磨时光，如看小说、吃零食、与同学聊天等。学生已经没了学习的欲望与动力，只是由于他们还处于义务教育阶段，不能辍学，只能在学校混日子。

我们班是普通班，学生的基础大多不是很好，再怎么强调学习的重要性，他们依然听不进去，不爱学习，在七年级刚开学时还会听课，后来渐渐地跟不上了，考试成绩也不理想，就不再听课了，上课时间就看杂志、小说等课外书籍，还经常讲话，课堂上乱哄哄的，科任老师要再三强调，才能恢复课堂纪律。（教师 L16，2020 - 11 - 13）

自己成绩一直不好，感觉学起来真的好吃力，现在更是听不懂老师上课讲的内容，特别是英语，怎么努力都听不懂，也尝试问了几次老师，但是发现依然听不懂，便问旁边的同学，他们也不懂，因为我们都是基础差的学生，自己感觉很累，还是不学习轻松，以后去打工得了，轻松自在，读书不适合我。（学生 L7，2020 - 11 - 14）

部分学生因对学习完全不感兴趣，跟不上老师讲课的节奏，知识对他们来说太难太复杂了，所以就放弃学习了。

2. 青春期叛逆

青春期是个体心理成熟的第二个关键期，青少年在这个时期的主要任务是建立自我同一性。12～18岁的人喜欢独立和体验自己的限度，找寻新的角色定位，因为青少年的阅历和经验不足，造成认知不稳定和动摇性，思维范围不断扩展，思维方式发生改变，思维视角向着逆向思维、多向思维或者发散思维的方向发展，但是思维的独立性和批判性还没有真正成熟，加上受认知事物和看待问题的理性思维限制，容易造成认知的片面性。在这种片面认知的影响下，无论家长和教师怎样讲道理，青少年都会感觉他们是针对自己，从而比较容易出现逆反心理。① 刚上初中的学生正处于青春叛逆期，逆反心理严重，喜欢顶撞父母和老师。笔者在实地观察期间看见不少学生与其父母吵架、在办公室与老师顶嘴的现象。从对老师的访谈中得知：老师和学生说要认真学习，有的学生偏偏不学习，还认为不学习是一种很酷的行为；不仅不学习，上课还喜欢和老师唱反调，扰乱课堂纪律，老师管不过来，叫来班主任，学生却引以为豪。有时女性老师管不住学生，只有男性老师才勉强管得住。学生处于叛逆期，对学习有抵触心理，就会厌倦学习，这种情况在翰林中学较普遍。

> 我们班的学生有时都管不住，别说学习了，军训的时候不军训，跑去玩，劝了也不听；叫他们几个违反纪律的学生放学留下来打扫卫生，班干部负责监督，结果人都跑了；教室每天都很脏乱，叫他们扫个地都很难叫得动。现在的孩子真是太难管了，我管不住，每天都是为学生的事担心得不行，因为学生不听话，我被教导主任叫去谈了几次话，我本来对教育事业有很大的热情，现在快没有了。（教师 L18，2020 - 11 - 24）

> 现在就是要酷的年纪，我爸妈说我，我都顶回去，班主任看起来这么好欺负，当然也要顶撞她，爬墙、讲脏话什么的多酷呀，去网吧打游戏也比学习有趣多了，反正现在学习也没有多大用处，以后也不会安排工作，照样要找工作，照样要辛苦，还不如现在多玩，以后再辛苦。（学生 L7，2021 - 08 - 24）

3. 沉迷网络

出生在21世纪的孩子大多在牙牙学语时就已开始接触手机了，有些孩

---

① 劳伦斯·斯滕伯格. 青春期：青少年的心理发展和健康成长 [M]. 7版. 戴俊毅，译. 上海：上海社会科学院出版社，2007：33.

子甚至会因家长不让玩手机而不吃饭和大哭，父母只能妥协，把手机拿给孩子玩。有些年龄大一点的孩子沉迷于网络游戏，这是他们娱乐的主要方式。以前的孩子喜欢出去和同伴玩游戏，而现在的孩子大多数足不出户，在家沉迷于玩手机。虽然手机和网络的使用可以给学生带来丰富的学习资源，对学习有帮助，但是学生更多的是拿手机来看视频、和朋友聊天、打游戏等，因而想一直玩手机，最终导致学习成绩下降。正确、适当地使用网络是有益的，但是一旦沉迷于网络世界，学生就会出现不爱学习、放弃学习的现象。

> 虽然我已经是年纪不小的初中生，但是我抵抗手机诱惑的自制力还远远不够，沉迷于玩各种线上游戏，手机被没收以后，就去网吧上网。就是手机害了我，手机里可以玩的东西太多了，一天不上网、不玩手机我就很不舒服，更别说看书学习了，根本看不进去。（学生 I4，2020 – 11 – 24）

> 我们班有很多学生沉迷网络游戏。现在的学生就是玩手机成瘾，用手机聊天、打游戏、看视频等，就是不用来学习。没收了手机，他们的心思也不在学习上，而是想办法去上网。有的学生依赖手机、玩手机成瘾其实算是一种病了，到了要送去矫正的程度了。（教师 L20，2020 – 11 – 24）

> 我家孩子在放寒假和暑假或者周末在家的时候，任何时候看见他都是盯着手机看得入迷，我一说他，他又说他在做作业，现在老师布置的很多作业都发布在手机上，我又不知道他到底是不是在做作业，真是头疼。就算批评他，他也不听，还顶撞我，真是气死人，真是只认得手机，把手机当亲爹亲娘了。（家长 L22，2020 – 11 – 20）

（四）经费方面的原因

在义务教育资源总量恒定的情况下，一个地区学龄儿童的数量会对当地义务教育事业的发展规模以及发展速度产生一定的影响。在城市地区，人口数量相对于农村来说更多且分布更集中，人口受教育程度和文化水平相对来说也较高，因此需要更多的义务教育资源以及更高质量的义务教育。这在一定程度上会促进义务教育的发展。相反在农村地区，人口数量较少且较为分散，只有一些小规模的小学和教学点供当地的学生上学，而且这些学校的人数不多，地点也比较分散，因此投入的义务教育资源总量并不多，因为政府对学校的资金投入以学生"人头数"为基础。龙胜镇村小的生源逐年减少，意味着固定投入龙胜镇村小的教育资金变少。龙胜镇政府对义务教育阶段学生一年的教育投入约 2 145 元/人，因为龙胜镇村小的学生少，所以投入学校的教育资金总数低。① 这导致村小没有足够的资金引入高级的现代化教学设备，更别说音乐、体育、美术等素质课程的专用设备；也难以加强对学校基础设施的建设。与此同时，因为城镇经济的不断发展和撤点并校政策的实施，越来越多的学生到镇上的学校就读，镇上学校的生源增多，龙胜镇政府投入镇上学校的教育资金就高，而村级小学的教育资金少，从而导致龙胜镇义务教育学校在村镇两级差距大。

> 我们学校只有两个班，才 40 个学生，因为人少，所以投入资金少，很多教学设备都是用以前的，也不想再去买新的了，能用就好。（校长 L10，2021 – 08 – 05）

要想推动龙胜镇农村义务教育向前发展，政府就要投入一定的资金，只有资金有保障了，龙胜镇村小在各方面才能有新的改变，农村义务教育事业才能发展得更好。虽然党和政府都很重视教育事业的发展，也投入了很多资金在教育事业上，但是政府资金的投入更多是在县里和镇里的学校，因为县城学校的学生与教师多、地理位置好、交通便利，政府更愿意把钱投入县城的学校，投资效果比较明显。龙胜镇花费大量资金新建了龙胜镇扶贫移民小学，笔者在实地考察时发现这所小学无论是在硬件还是在软件方面，都有特别好的配置，有崭新的宿舍楼、教学楼，高级的课桌椅和多媒体设备。而坐落在村里的小学则要落后许多，村小的教学楼十分陈旧，墙皮都已经掉了，学生的书桌和椅子也很陈旧，操场地面上有很多小坑，学校的公共厕所是人工手动冲水的。这样落后的条件十分影响村小学生的学习。

（五）社会环境的原因

1. 农村经济发展相对落后

教育的根本目的是培育人才和造就人才。培养什么样的人，除了受到社会政治制度的制约外，还受到社会生产力和经济发展水平的制约。因而，可以说农村经济发展情况对乡村义务教育的发展有重要的影响。龙胜

---

① 龙胜各族自治县地方志编纂委员会. 龙胜年鉴：2018 [M]. 北京：方志出版社，2018：272.

镇农村受自然条件等方面因素的影响，经济发展相对滞后，这对其义务教育发展有着深远的影响。龙胜镇农村人均月收入 900 多元，与县城相比，相对较少。① 龙胜镇产业结构单一，农村家庭主要靠种植百香果、罗汉果挣钱，这些农作物的价格低且产量不稳定，一年卖果的钱只够家里开销。进城务工的村民，因为多数只有初中文化水平，女性从事的工作主要是饭店、酒店服务员，男性则主要做搬运或在工地工作，都是又累又不稳定的工作，收入较低。因为龙胜镇农村家庭收入较低，所以对子女教育的投资就不足。家庭经济状况会影响子女的受教育水平和质量。在义务教育阶段，因为受经济条件的制约，收入水平较低的家庭大多会选择让孩子在农村的学校就读。然而农村的学校与城市的学校相比，教育质量与教育资源存在着一定的差距。与此同时，家庭收入情况对农村学生的学习还有其他方面的影响，比如当孩子想购买学习辅导资料、课外阅读书籍或学习用品等时，因为家庭收入比较低，父母没有富余的钱满足他们的学习需要。这些情况的存在，会使孩子的学习热情和学习质量下降，从而加大与城市孩子的差距。

如果家门口能赚到钱，谁还愿意去市里打工，如果我不去打工，家里的孩子连上学的钱都没有。我们也希望村里可以有好的就业机会，有稳定的收入，现在家里种植罗汉果也挣不到什么钱，也特别不稳定，前几年价格特别低，这两年才好转，但是也只能种这个，想让孩子去县城里的学校读书也是有心无力，哎！（家长 L22，2020－11－25）

我们这里老师的工资刚开始就是两千出头，还必须当班主任，特别累，但是工资又不高，之前有一位云南人在我们学校当老师，没多久就辞职了，辞职的时候说这点钱还不够养活自己，说在云南当老师，工资都是六千多，我们省县镇的老师差不多就是这样的工资水平。龙胜镇因为经济水平比较低，所以老师工资也比较低。我们是公立学校，不能单独给老师加工资。还有，因为我们这里的经济发展水平低，人们都倡导挣大钱才是正道，对孩子灌输读书没有用的思想，教育得不到家长的支持，义务教育就更加难以发展了。（副校长 L12，2020－11－15）

分析访谈材料可知，因为龙胜镇以农民居多，收入来源以务农为主，

① 龙胜各族自治县地方志编纂委员会. 龙胜年鉴：2018［M］. 北京：方志出版社，2018：318.

但是没有形成产业链，在影响农村家庭收入水平的同时，也导致了龙胜镇经济发展的落后。地方的财政和经济发展情况具有一致性，龙胜镇的财政比较困难，没有足够的资金投入农村义务教育的建设上，从而阻碍了龙胜镇农村义务教育发展的步伐。

2. 读书无用论的影响

"教育的成功与否往往取决于生活环境中一定的内部气氛和教育者与受教育者一定的情感态度。我们一般称之为教育气氛，并把它理解为情感、情绪状态及对教育抱有好感或厌恶等关系的总和。"① 一般来说，城市的父母能正确认识到教育对孩子发展的重要性，希望自己的孩子能够在好的学习环境中积极认真地学习，取得优异的成绩，考上好的大学，将来成为对国家、对社会有用的人才。相反，在农村地区，许多村民的观念还比较陈旧，还没有跟上时代发展的脚步，对义务教育态度冷淡，认为教育对孩子的未来发展不重要。所以农村一些家长对义务教育的质量要求不高，觉得自己的孩子能读完初中就可以了，不上高中、不读大学也没关系。这样的态度影响了这些地区农村义务教育的发展，使当地农村义务教育一直处于缓慢发展的状态。对龙胜镇农村学生而言，教育对他们的未来发展能起到助力作用，但是龙胜镇农村有的父母在孩子面前提起读书无用的观点，给孩子灌输读书没有用的思想，说现在大学生有很多找不到工作，读书浪费钱，现在大学生只知道死读书等。孩子把这些话听进去以后，认为读书不仅没有用，还挣不到钱，对学习就会有抵触心理。很多学生认为农村教育起步较晚，和城里的学生相比，成绩较落后，与其在学校浪费时间，还不如去打工挣钱，因而想辍学去打工，但是因为义务教育阶段不能辍学，所以只能在学校混日子，无心向学。

读书有什么用，我们家长平常聊天的时候，都觉得读书没有什么用，因为现在读完大学不能分配工作，读书才不能改变命运呢！我们村里那些初中都没读完的去做生意，现在车子都买了几辆了，读大学出来一个月得多少钱呀？读书要花那么多钱，一点不值得，书读多了还容易不懂人情世故，总之书读得太多就是没什么用。（家长 L23，2020 – 11 – 16）

从访谈材料可以看出，龙胜镇农村家庭的经济收入来源单一，尽管龙

---

① 博尔诺夫. 教育人类学［M］. 李其龙等，译. 上海：华东师范大学出版社，1999：41.

胜镇在普及九年义务教育上取得了优异的成绩，但由于经济的发展与传统观念的影响，龙胜镇农村很多家长觉得"钱"十分重要，习惯性地用"钱"去衡量很多事情，大多数家长信奉"读书无用论"，认为读书无用，还不如去广州、深圳等地打工或者做生意挣钱，觉得有钱才是最重要的。这种想法严重影响了孩子的学习积极性，不利于龙胜镇农村义务教育发展，更不利于龙胜镇乡村的振兴。

3. 对民族传统文化认识不足

社会文化建构主义认为，儿童会从周遭的社会文化环境中选取相关因素纳入自己的认知和行为版图中。优秀民族传统文化融入校园文化、融入课堂内容，会增进学生对本民族优秀传统文化的了解，使其在校园中得到传承。但是从对龙胜镇学生的访谈中得知，他们在课余时间会和同学讨论娱乐新闻、体育赛事、短视频等，关于民族传统文化内容的交流则比较少。还有学生表示，学校偶尔会举办有关民族传统文化主题的班会，但是开班会的次数不多，班会结束后，自己学习了一些民族传统文化的相关知识，但关于该文化的深层内涵和历史渊源却一无所知，可见这些主题班会的举办只是蜻蜓点水，难以真正传承和发扬少数民族传统文化。这些情况显示，学生所在的学校对民族优秀传统文化的认识不足。不仅如此，龙胜镇很多家长对本民族优秀传统文化也认识不足。龙胜镇的少数民族有壮族、瑶族、侗族、苗族等，这些少数民族都有悠久的历史，有世代相传的独特的民族文化。但是，在龙胜镇发展的过程中，因为人口迁移等原因，龙胜镇少数民族对本民族传统文化的重视程度变低，没有对本民族优秀传统文化进行传承与发扬。龙胜镇虽然是多民族聚居的地区，但是现在龙胜镇少数民族的孩子大多数都不会说本民族的语言，家长在和孩子交流时经常说普通话，因为孩子听不懂少数民族语言。笔者在实地考察时听见村民们在聊天，其中一位村民说："哇，听说你们家的小孩子会说壮语，这么能干，我看其他小朋友都不会。"

我虽然是侗族人，但是我不会说侗话，更别提我们侗族的文化和歌舞了，我都不会，小时候我爸爸妈妈和其他家人都没有教我说侗话，我们一直都是用普通话交流的。侗族语言、侗族舞蹈等民族文化也不是考试内容，会这些也没什么好自豪的，我们都认为即使学了也不能用来挣大钱，所以没什么用。（学生 L5，2020 - 11 - 24）

　　笔者在实地考察和访谈过程中发现，龙胜镇很多学生对本民族优秀的传统文化不够重视，甚至有些学生认为考试时又不考民族传统文化的内容，学了也没什么用，还不如去学一些基本技能和手艺。

（六）家庭方面的原因

　　结构功能主义强调部分对总体的作用，各个部分的良好发展、共同努力才能使整体得到更好的发展。而家庭教育作为学生发展的重要部分，也必须得到重视，因为对很多孩子而言，他们人生的启蒙老师就是自己的父母，家庭教育是他们接触到的最早的教育，良好的家庭教育对他们的发展有重要作用。龙胜镇学生的家庭教育存在一些问题，阻碍了龙胜镇义务教育的总体发展。

　　1. 溺爱孩子

　　一般来说，很多成长在民主型家庭的孩子，是身心健康、独立坚强、善于沟通交往的；而成长在溺爱型家庭的孩子，大多是脾气不好、过度依赖、害怕困难的。被溺爱的孩子，从小过着"衣来伸手，饭来张口"的生活，缺少独立解决问题的能力。这种溺爱型教育给孩子的人际交往与未来发展埋下了隐患。因此，作为父母或长辈，要认识到溺爱孩子是一种不利于孩子身心健康成长的错误行为。受访的班主任认为，龙胜镇学生家长溺爱孩子的现象十分常见，一些"学生问题行为"正是源于家庭教育中的溺爱行为。笔者在实地调研时，经常看见小孩子不吃饭在饭桌旁哭闹着要玩手机，父母看见这种情况马上把手机拿给他玩。父母教育孩子的方式是在纵容孩子的错误行为，不利于孩子养成良好的习惯。有老师在受访过程中表示，很多时候学生犯错，把家长叫来学校，家长只会给孩子的错误行为找借口，一味地相信自己的孩子，家长这样的态度使老师的教育工作难以顺利开展。

　　现在的家长实在是太溺爱自己的孩子，太过于相信孩子的话了。有一次，一位女同学在学校欺凌同学，我打电话向她爸爸说明这个情况，他一直说"我女儿没错"，没意识到自己孩子的错误，还偏袒孩子。有一位同学翻墙出去玩了，我打电话给他父亲，他父亲只回了一句"知道了"。还有一次我在家长群里训斥了严重违反纪律的学生，还被其家长举报到教育局，作为班主任我都不知道怎么管学生了。（教师 L20，2020 - 11 - 24）

　　我只生了一个孩子，我真的没有办法不疼爱他，大声骂一句都特别舍不得，有求必应，我对他的要求也不高，不要求他有多好的学习成绩，只要不犯大错误，不跟着别人学坏，考不上高中就去读个技校好了，学成一门技术就好，不要求他一定要考上高中。（家长 L23，2021-8-21）

从访谈材料可以看出，龙胜镇很多父母溺爱孩子，孩子有什么要求都会想办法满足，且盲目相信自己的孩子，使孩子缺少了人生道路上的必要指引。这种毫无底线的溺爱可能会导致孩子性格脆弱、不懂感恩，会对孩子的成长造成不利影响。

2. 长辈不良示范

家中的长辈，尤其是父母对孩子的影响是巨大的，很多孩子染上不良习惯是因为其父母也有这样的坏习惯。比如说父母在孩子成长的过程中经常骂孩子、打孩子，甚至在孩子面前有暴力行为，孩子看见的次数多了，会由开始的害怕，慢慢觉得这样的行为可以保护自己，变得喜欢打架和骂人，脾气也开始暴躁。还有家长不努力工作、好吃懒做，经常白天睡觉、晚上打牌，那么孩子大多也不会努力学习，生活习惯较为懒散。父母经常在孩子面前讲脏话，那么孩子慢慢地把这些脏话越说越顺口，因为孩子的模仿能力是很强的。如果孩子的父母有酗酒、赌博等不良行为，那孩子也可能会沾染上这样的恶习。家长在和孩子相处时一直玩手机，不和孩子交流，那么孩子肯定也会沉迷于玩手机。笔者在实地考察时，常常看见父亲一边打牌一边和孩子说话的现象，甚至还看见父母在孩子面前讲脏话。

我爸在家老是抽烟，进脏话，我妈妈说他，他也不听，平常有时间除了和别人打牌就是一直玩手机，也不会陪着我。学习上有问题去问他，他也不会，我自然而然就不爱学习了，跟着他学习一些不良的行为，比如打牌、玩手机游戏，谁叫他没有起到好的带头作用。（学生 L4，2021-08-24）

我的脾气很不好，老是动不动就发脾气，有时甚至一点就炸，非常暴躁，那是受我爸爸妈妈的影响，他们在家也是动不动因为一点小事就大吼大叫，一言不合就吵架。在这样的家庭环境中成长，我很难成为一个脾气好的人。有时我也在克制情绪，但是下意识还是会不耐烦地说话。（学生 L3，2020-11-17）

龙胜镇有些家长没有给孩子作出表率，没有为孩子营造良好的成长氛围，没有意识到自己的坏习惯会影响到孩子。这样不良的家庭教育会影响孩子的成长，阻碍孩子身心的健康发展。

3. 家庭教育欠缺

龙胜镇农村地区家长对家庭教育认识不足，导致家庭教育缺失。笔者在实地考察和访谈的过程中发现农村家庭生活水平普遍较低，父母都要忙于务农、务工，对孩子的教育并不放在心上。很多家长因为农作物的收成难以维持家庭基本生活的开支，有适当的机会还会去打零工，因为打零工的地方离家有一定的距离，大多早上四点就出发去工作了，晚上七点才回到家里。这样忙碌的生活使得孩子与父母相处的时间越来越少，父母和孩子之间连说话的机会都不多，更谈不上辅导孩子的作业了。家庭教育的缺失让城乡学龄儿童在小学起步阶段就已经显现出差距。有的家长还认为孩子的教育有老师就够了，自己起不到什么作用，一家人在一起的时候也大都是各自玩手机，没有进行有效沟通。父母与孩子互相不了解对方的想法，孩子得不到父母的关心与爱护，学习上落后，性格也会受影响，可能会变得比较孤僻、沉默寡言，也可能过于调皮。

龙胜镇农村还存在一定数量的留守儿童。因为父母长期不在家，大多数孩子一放学回家，基本上处于一种自由、懒散的状态，在家不是看电视或者玩手机，就是出去找朋友玩，基本上不主动学习，不做作业、不预习功课，或者把作业留到很晚才做，且完成质量很差，这些情况严重影响了学生的学习成绩。当做作业遇到困难时，他们不能得到及时的帮助与指导，因为父母都外出打工了，家里年迈的老人往往文化水平不高，不能为他们提供学习上的帮助。这样一来，农村留守儿童的学习热情就会下降，长此以往，就会缺乏学习的主动性，出现厌学情绪，上课精力不集中，学习成绩下降。

> 开完家长会的时候，留了几个平时特别调皮、老是违反纪律的孩子的家长谈话，他们都说是我们老师管得不好，老师的水平不够，平常孩子在家里很听话……真是气死我了。这年头当班主任真是太难了，当班主任也需要得到家长的支持和帮助啊，他们这样的态度，加大了我管理学生的难度，唉！（教师 L13，2020 - 11 - 18）

> 之前学校突然取消了晚自习，孩子下午五点多钟就回来了，我们那时也还没下班，到家就看见他一直在那玩手机。叫他做作业，让他做了以后有不懂的地方来问我，我也不太会，感觉就是在家里浪费时间，还不如上晚自习让老师辅导，还好现在又上晚自习了，有老师督促孩子学习好多啦！学校就应该有晚自习。（家长 L27，2020 - 11 - 13）

我每天要忙着干活挣钱，不挣钱哪里有钱用？白天去工作挣钱很辛苦，有时还被老板骂，本来又累心情又不好，晚上回来还要做些七七八八的家务，真的没多少时间也没心情管孩子，老师要多管一点才好，要不送到学校干什么。（家长 L24，2020-11-21）

从小到大我爸我妈都没多少时间管我，我是留守儿童，一年见不到爸爸妈妈几次；爷爷奶奶陪着我长大，他们又很疼我，什么都听我的，基本上不管我，就算管也管不住我。我是被放养长大的，变成现在的后进生，都是他们的错。（学生 L1，2020-11-24）

分析以上访谈材料可知，父母常忙于生计，没有时间教育、管教、陪伴自己的孩子，对孩子的成长造成了不良影响。同时，很多龙胜镇农村家庭的家长不把孩子的教育问题放在心上，生活上也不够关心孩子，认为教育孩子是学校、老师的事，不懂得如何配合学校来培养孩子的学习习惯，导致家庭主体责任缺位。

五、乡村振兴战略下推进民族地区农村义务教育发展的建议

（一）加快民族地区农村经济发展

龙胜镇农村经济发展的水平低下，是限制其农村义务教育良好发展的重要因素。要想农村义务教育得到切实有效的发展，必须在乡村振兴战略背景下加快民族地区农村经济的发展。

1. 提高村民收入

提高龙胜镇农民的收入，能促进龙胜镇经济的良好发展，还能够减少龙胜镇青壮年劳动力的流失，使他们能够陪伴在孩子与父母的身边，从而减少龙胜镇农村留守儿童和空巢老人的数量。由于龙胜镇农村较低的经济发展水平影响了其农村义务教育的发展，在乡村振兴战略背景下，龙胜镇要加快民族地区农村经济的发展，为农村义务教育提供良好的经济基础，促使政府将更多的资金投入到农村义务教育学校的建设中。龙胜镇是苗族、瑶族、侗族、壮族等少数民族的聚居地，拥有少数民族乡土特色与恬静优美的乡村田园风光，而城市发展比较快，所以加强城乡合作可以使乡村和城市取长补短，共同发展。龙胜镇要使民族地区的乡村旅游得到进一步的发展，可以发动村民把空余的房间用来做民宿，大力发展特色民宿产

业，吸引更多的外地游客或是本地城里人来农村体验农家乐，欣赏美丽的乡村景色，采摘新鲜的蔬菜、水果，品尝当地的特色美食，从而提高龙胜镇农村居民的经济收入。

2. 支持村民返乡创业

要想加快龙胜镇农村发展的脚步，就要对当地农民进行"种植技术、农业政策法规、互联网知识"等方面的培训，因为他们是龙胜镇发展的主力军，所以要把他们培养成掌握新知识与新技术、有素质、懂法律法规的新型农民。同时，镇政府还应为年轻劳动者提供政策与资金方面的支持，鼓励他们返乡创业。龙胜镇存在着"空心村""三留守"的现象，这是因为城市经济的不断发展，大量农村劳动力向城市转移。龙胜镇许多农村留守儿童的父母去离家较远的地方务工，很长时间才能回家一次，这样会影响留守儿童的健康成长，也会对他们的学习造成负面影响。留守妇女因家庭缺乏男性劳动力，只能辛苦地完成家里的农活；因为孩子平时要去上学，留守老人独自在家会感到孤独冷清。这些都是家庭主要劳动力因为经济压力外出打工带来的负面影响。要大力支持农村年轻劳动力返乡创业，为当地经济的发展提供充足的劳动力，从而促进龙胜镇农村的发展。同时，当外出务工人员回到自己家乡开始创业的时候，他们会把在外辛苦学习所掌握的先进技术和先进理念带回来，对没有外出打工的年轻人产生影响，使年轻人愿意留在农村工作，由此可以提高龙胜镇农村人口的就业率。年轻劳动力返乡创业，还能和父母、孩子一起生活，这样就减少了空巢老人与留守儿童的数量，既能创造良好的家庭环境，也能为子女的教育创造良好的经济条件。

（二）加大对民族地区农村义务教育的扶持力度

乡村振兴战略下，必然要推进民族地区农村义务教育向前发展。在这个过程中，政府处于主导地位，要从政策上采取行动，既要在教育投入上坚持向民族地区农村薄弱学校倾斜，加大对农村薄弱学校的扶持力度，还要合理配置教育资源，缩小村、镇两级学校的差距。

1. 加大对民族地区农村薄弱学校的投入

要提高龙胜镇农村义务教育发展的水平，首先要增加农村义务教育建设资金的投入，因为充足的资金是农村义务教育得到良好发展的基础。从龙胜镇的实际情况来看：一方面，在学校建设上，要改善村小陈旧的基础设施，对平野小学和金结小学这两所小学进行翻修和补充建设，因为这两所小学的教学楼十多年来一直没有翻修，变得越来越陈旧，可能有安全隐患；另一方面，要对学生上学路上的危险路段进行一定的修复并且安装路灯，保证学生上下学的安全。

2. 推进民族地区农村义务教育资源的合理配置

龙胜镇村小教育资源的配置与镇小相比，还落后很多。因此，龙胜镇要在合理配置教育资源的基础上，提高农村义务教育的发展水平：一方面，在村小开展文化课的同时，要确保体育、音乐、美术等课程的开展，采购音乐、体育、美术等课程需要的专用设备，并要充分发挥它们的作用；为村小的图书室采购新的书籍，确保学生能够进行充足的课外阅读。另一方面，要给村小聘用音乐、体育、美术等素质课程的专任教师，尽量避免出现一位教师包揽多门课程的情况。

（三）加强民族地区乡村师资队伍建设

民族地区乡村教师是乡村教育向前发展的关键力量。因为教师是学生学习和成长道路上的指路明灯，是为乡村振兴培养乡土人才的主力军，所以民族地区乡村教师队伍是促进乡村教育长远发展的重要力量。在乡村振兴战略背景下，要全面加强民族地区乡村师资队伍的建设。

1. 提高乡村教师待遇

乡村教师待遇是影响"留得住乡村教师"的关键因素。"提升教师素质，改善教师待遇，关心教师健康，维护教师权益"是新时代教师队伍建设的重要内容。[1] 偏远农村地区教师的工资没有城市教师高，龙胜镇一些乡村教师工作的环境较为单一，既不能很好地融入乡村生活，又不能享受城市生活的便利，并且得不到相应的社会尊重，所以乡村教师的职业认同感就会变弱，从而造成乡村教师流动性大。乡村要留住教师，首先要提高其待遇，可以在工资的基础上增加相应的物质奖励，比如增加农村地区教师的特殊补助，体现出对乡村教师这一职业的鼓励，使乡村教师的职业吸引力得以提高；其次，要为乡村教师提供一个舒适的工作与生活环境，比如对教师宿舍进行装修，安装热水器、电视等，体现出对乡村教师的关怀，使教师来到农村工作时看见良好的住宿环境，能感到舒适和温暖；最

---

① 习近平向全国广大教师致慰问信 ［N］. 人民日报，2013 - 09 - 10 (001).

后，政府和学校领导应多关心乡村教师的工作与生活情况，在他们遇到困难时给予帮助与关怀，减轻他们在生活上与工作上的压力，创造一个能留住人心的良好环境，让乐于奉献的乡村教师既能有物质的收获，还能得到相应的社会尊敬。

2. 全方位培养本土乡村教师

要保证乡村教师队伍的稳定性，就要培养本土的乡村教师。因为本土教师熟悉环境，并且家人朋友都在身边，对家乡有强烈的归属感和深厚的情感，更愿意一直在农村发展。首先，鼓励本土教师灵活运用本土知识，与实际相结合，在教学中做到通俗易懂；鼓励本土教师注重发扬龙胜镇少数民族的优秀传统文化，让学生能够深度了解与学习。其次，增加本土教师的学习培训机会，让他们在培训过程中学习新的知识和技能，拓宽眼界，进而提高教学质量。最后，落实对本土乡村教师的补助政策，加强对乡村教师宿舍的建设等。

（四）加强乡情教育

1. 加强民族传统文化教育

对于一个民族来说，最重要的东西就是它的文化。少数民族传统文化是民族在发展进程中所流传下来的瑰宝，不应该让它渐渐消失在历史的长河中。学生是年轻的一代，是少数民族传统文化得以传承与发扬的主要力量，学生在学习基础学科知识的同时，也应该了解当地少数民族的传统文化知识，认识到优秀传统文化的精神与内涵，能够自觉地对优秀传统文化进行创造性的吸收与发展，为优秀传统文化的发展不断注入新鲜血液，使之绵延不绝。龙胜镇是少数民族聚居地，拥有丰富的民族传统文化，所以要重视对当地学生进行民族传统文化的教育，在传承与发扬龙胜镇少数民族文化的同时，不断丰富其时代内涵，让苗族、瑶族、侗族、壮族等少数民族传统文化做到与时俱进。一方面，因为在多种文化和思潮冲击下，龙胜镇农村学生对当地的少数民族文化不感兴趣，要让龙胜镇学生深入了解当地少数民族的优秀传统文化，领会民族传统文化的魅力与博大精深。另一方面，需要在龙胜镇农村义务教育阶段的课程内容中融入当地少数民族的优秀传统文化，或者开设少数民族传统文化相关课程。龙胜镇学生学习少数民族优秀传统文化，既是对文化的传承，也能从小树立文化自信，增加民族认同感，增强民族自豪感，培养对民族、家乡的情感。有了热爱的情感，他们就有为家乡做贡献的理想与抱负，最终实现乡村振兴。

2. 推动乡土教材开发利用

龙胜镇可立足当地农村的实际情况，落实对乡土教材的开发和利用，因为乡土教材的开发利用既可以丰富当地义务教育课程的内容，还可以使当地少数民族的传统文化得到传承与发扬。龙胜镇义务教育的课程设置要与当地生产生活相联系，要把当地独特的乡土知识与课本知识结合起来，特别是当地的种植文化、传统习俗、传统技艺等，要反映出龙胜镇的特色。使学生在学校的学习生活中，既能学习基础学科知识，也能学习当地的乡土知识，从而增加对家乡的了解，增强对家乡的情感。

3. 提高民众对教育重要性的认识

尽管龙胜镇在普及九年义务教育上取得了一定的成绩，但"读书无用"的观点依然深深刻在一些家长与学生的脑海中，导致他们对教育的重视程度不高，从而造成龙胜镇一些农村学生厌学，一心想出去打工挣钱的现状。教育是百年大计，龙胜镇的教育主管部门应把宣传工作做到位。一方面，让农村家长知道读书并非无用，学习可以提高孩子的素养，能让孩子知礼仪、懂廉耻，对孩子未来的发展有助力。另一方面，要使龙胜镇农村学生明白不管在什么时代，知识的力量都是无穷的，好好学习能使他们的思维更活跃、视野变得更开阔，将来能成为国家和社会需要的人才。总之，要通过宣传提升龙胜镇群众对教育的认识，让他们意识到知识的力量，从而提高对教育的重视。

（五）提高学生学习的积极性

学生学习的积极性对于其学习成绩的影响巨大。龙胜镇一些农村学生因为学习基础较差、沉迷于网络等，学习的积极性不高，从而出现学习成绩下降的情况。要采取一定措施，提升学生学习的积极性。

1. 引导学生正确使用手机

随着科技时代的到来，龙胜镇各学校学生使用手机的越来越多，学生沉迷于玩手机，不把心思放在学习上成为普遍现象。因此，龙胜镇学校和家长要重视这个问题，通过合理的方法引导学生正确使用手机。一方面，不能"一刀切"，不能全面禁止学生玩手机，因为学生通过手机可以接触到新鲜的事物和新颖的知识，这对学生的个人成长来说是有利的。但也不能让学生随心所欲地玩手机，因为他们的自制力还不够强，容易沉迷于网络世界，把学习抛诸脑后，导致学习成绩下降。学校和教师要相互协商，合理管控学生使用手机的时间。比如：学生把作业做完后才能玩手机，或者睡觉前把手机交给家长，以免学生通宵玩手机等。另一方面，要让学生知道沉迷于玩手机的危害，可以通过视频、新闻等方式，让学生认识到过度玩手机的负面影响，教师、家长平时也要和学生强调合理使用手机的重要性。只有学生认识到玩手机成瘾的不良影响，教师与家长的引导才会事半功倍。

2. 使用正确的教育方式方法

龙胜镇农村学生学习主动性差，对学习的积极性不高。针对此种情况，一方面，可以通过学校和家长的合作，提高学生学习的积极性。教师和家长要经常相互交流，共同探讨提高学生学习积极性的方法。比如孩子正处于青春期，比较叛逆，在面对教师与家长的教育时会出现顶嘴、唱反调的情况。这时父母和教师应寻找与学生交谈的正确方式，以正面的方式引导孩子，而不是疾言厉色，这样反而会使处于叛逆期的孩子出现逆反心理，变得更加讨厌学习。另一方面，可以向学生介绍值得学习的榜样，比如挖掘孩子喜欢的榜样人物的闪光点，以此勉励孩子，从而提高其学习的积极性。最后，以奖励的方式鼓励学生，增强其学习的主动性，比如学生在学习上取得进步时，满足他们的一个小心愿等，让学生体会到学习的快乐，从而提高对学习的积极性。

（六）提高家庭教育水平

家庭教育是家长在家庭生活中通过言传身教和生活实践对孩子进行的教育，它是孩子成长的基础，对孩子的性格养成、品德形成、智力发展和社会适应能力等具有深远影响。对于龙胜镇农村义务教育发展来说，家庭教育实施效果对其影响巨大，要促进龙胜镇农村义务教育的发展、促进学生的良好发展，提高家庭教育水平是当务之急。

1. 充分调动家长参与子女教育的积极性

家长对孩子的教育起着很大的作用，比如学生在家时，家长可以对孩子的家庭作业进行监督与辅导，保证作业完成的质量；也可以对孩子看电视、玩手机的时间与内容进行合理控制，避免孩子接触暴力和不健康的内容。总之，只要家长把对孩子的教育放在心上，对孩子进行言传身教，就会对学生的未来发展产生很大的助力。父母在对子女的教育上不仅不能缺席，还应提高积极性。龙胜镇农村的父母大多忙于生计，忽略了对子女的教育，导致家庭教育缺失。要解决这个问题，首先得让父母意识到只顾工作挣钱，不关心孩子的学业与成长是错误的。学校在召开家长会时，教师要强调父母对于孩子学习、性格养成等方面的重要性，可以播放有关父母不管孩子导致孩子有心理缺陷或误入歧途的案例视频，让他们认识到家庭教育缺失的负面影响，从而提高警惕性，提高他们参与子女教育的积极性。其次，教师平时也要和家长交流，把学生在学校的表现反馈给家长，也要询问学生在家的表现，引导家长积极参与对学生的教育。最后，可以征集家长对学校的意见，让家长对学校教育建言献策，从而调动家长的积极性。

2. 提高家长的教育能力

龙胜镇农村大多数家长的文化水平不高，不懂如何正确教育孩子，对学习的重要性认识不到位，在学习上没有给孩子起到好的带头作用，盲目溺爱孩子也是普遍现象。针对这些情况，学校应该采取措施，开展教育讲座，定期组织教育专家开展讲座，介绍子女教育的重要性及科学方法，讲解不同年龄段孩子的心理特点及应对方式。教师平时要向家长强调溺爱孩子的坏处，使家长明白溺爱会对孩子的成长产生不利影响，从而学会用正确的方式与孩子相处，而不是一味地溺爱；同时要向家长多宣传知识的作用与力量，让家长知道知识不是无用的，在孩子的学习上要起到带头作用，而不是给孩子灌输读书无用的思想。

3. 父母言传身教

父母以身作则、言传身教，是家庭教育成功的关键。在生活中，我们经常会看到孩子在生活习惯、行为方式上与父母有很多相似的地方，这就是父母在长期生活中有些习惯性的行为重复出现，而在子女身上发生了潜移默化的影响。孩子出生以后主要和父母一起生活，父母是孩子成长过程中所遇到的第一个榜样，父母在孩子面前的一言一行都会被孩子观察并模仿。因此，父母不能在孩子面前有错误、偏激的言论和行为，应以身作则，让孩子养成良好的生活习惯，拥有正确的价值观。

六、结语

本研究以龙胜镇农村义务教育为研究对象，基于乡村振兴战略，以访谈法、观察法为主要研究方法，对龙胜镇的义务教育学校进行实地考察，了解龙胜镇农村义务教育的现状，分析存在的突出问题及成因，提出乡村振兴战略下促进民族地区农村义务教育发展的建议。研究结果如下：

（1）龙胜镇义务教育经过社会各界的不断努力，取得了一定成就：全面普及了九年义务教育；逐渐提高教育信息化程度；学校的办学条件也得到一定改善。

（2）在乡村振兴战略背景下，龙胜镇义务教育还存在一些突出的问题，如：教育资源在村镇两级配置不均衡；教师队伍的构成在年龄、学科、学历等方面存在不合理现象；学生学习的主动性差；学校课程缺乏乡土性和民族性。

（3）龙胜镇义务教育存在问题是由多种因素造成的，有学校、学生、师资等方面的原因，也有政府、社会环境、家庭环境的原因。

（4）乡村振兴战略背景下推进民族地区农村义务教育发展，既要加快农村经济发展和加大义务教育扶持力度，又要加强师资队伍建设和重视民族文化教育，还要提高学生学习的积极性和提升家庭教育水平。

本研究对广西龙胜各族自治县龙胜镇进行了实地调查，探讨乡村振兴战略背景下民族地区农村义务教育发展问题，为民族地区农村义务教育发展提供实践经验。由于龙胜镇的调研范围较小，对民族地区农村义务教育研究的广度和深度还存在不足和待改进之处。笔者将在今后继续进行民族地区义务教育的研究，力争在该问题的研究上取得更多成果。

附录一 访谈对象

编号	性别	年龄	民族	身份
L1	女	13	壮族	学生
L2	女	12	瑶族	学生
L3	男	15	汉族	学生
L4	女	9	壮族	学生
L5	男	12	侗族	学生
L6	女	13	汉族	学生
L7	男	14	壮族	学生
L8	男	11	壮族	学生
L9	女	9	苗族	学生
L10	女	48	侗族	校长
L11	男	45	壮族	教务主任
L12	女	47	汉族	副校长
L13	男	24	侗族	教师
L14	女	46	壮族	教师
L15	男	28	瑶族	教师
L16	女	34	壮族	教师
L17	男	44	侗族	教师
L18	男	25	壮族	教师
L19	女	46	汉族	教师
L20	女	27	苗族	教师
L21	男	38	壮族	家长
L22	女	30	瑶族	家长
L23	男	36	汉族	家长
L24	女	34	汉族	家长
L25	女	45	侗族	家长
L26	男	29	壮族	家长
L27	男	31	壮族	家长
L28	女	46	苗族	家长
L29	女	36	汉族	教育局科员
L30	男	29	侗族	教育局科员
L31	男	32	壮族	教育局科员

附录二　访谈提纲

1. 基本情况

姓名、年龄、家庭收入状况（人均年收入）、受教育程度（文盲、小学、初中、高中、职高、本科及以上）。

2. 教育局科员、学校领导、教师的访谈提纲

（1）龙胜镇农村义务教育发展的总体情况怎么样？比如办学条件、师资力量等。

（2）龙胜镇农村义务教育发展目前存在哪些困难？限制其发展的因素有哪些？

（3）您觉得龙胜镇的政治、经济、社会、文化等环境怎么样？对农村义务教育发展有哪些影响？

（4）贵校发展现状怎么样？存在哪些困难？

（5）学校教师的交流培训机制是怎样的？学校教师的补充方式是怎样的？教师流失变动情况如何？什么原因导致教师流失变动大？

（6）如果有机会调入城里学校，您愿意吗？

（7）学校留守儿童居多，在教育过程中主要存在哪些问题？

（8）学校的音乐、体育、美术等课开齐了吗？教学器材是否齐全？

（9）您觉得农村教师流失的原因有哪些？对解决农村教师的流失有什么建议？

（10）对现在的农村教师福利待遇有什么意见或者诉求？

（11）作为一名教育工作者，您对乡村教育的振兴有哪些建议？结合龙胜镇的实际，谈谈有哪些因地制宜的办学想法？

3. 农村家长的访谈提纲

（1）您对农村学校的印象是怎样的？您对当地的学校满意吗？

（2）您为什么把孩子送进城里就读？在城里陪读期间，您通过什么方式谋生？

（3）孩子犯了错误，您的态度是怎样的？

（4）如果家乡能满足就业需要，您愿意留在农村就业吗？

（5）您愿意参加农民职业技能培训，接受继续教育吗？

（6）您的孩子在学校学到不一样的东西吗？

（7）您在孩子面前有抽烟、喝酒等行为吗？

（8）您的孩子的学习成绩怎么样？

（9）您对乡村教师这个职业有什么看法？

4. 学生的访谈提纲

（1）你的父母是在家工作还是在外务工？你跟谁一起生活？

（2）你爸妈外出务工对你的学习生活有哪些方面的影响？你希望他们留在身边吗？

（3）你们学校的寄宿条件怎么样？希望有哪些方面的改进？

（4）学校的音、美、体等课有专任老师吗？

（5）你们的教学老师更换频繁吗？这对你们有什么影响？

（6）你父母在好的行为习惯方面有没有起到好的带头作用？

（7）你的父母对你的学习关心吗？他们能否对你做家庭作业提供帮助？

（8）你对现在的学校和老师满意吗？你希望哪些方面可以改进？

（9）你觉得学习是一件有用的事情吗？你热爱学习吗？什么是你学习的阻力？

（10）你会说本民族的语言吗？你了解本民族的传统文化吗？

民族地区优秀传统文化推进乡风文明建设的内在逻辑与实践路径

——基于广西乡风文明建设示范村的调查

黄雁玲　傅禹宁*

党的二十大提出要重点全面推进乡村振兴，实现中国式现代化。而在建设中国特色社会主义的道路上，全面推动乡风文明建设是必不可少的一部分。中华优秀传统文化是中华民族几千年历史进程中不断实践积累的宝贵财富，其蕴含的中华民族传统美德也是深深刻在中国人骨子里的文化基因，与新时代乡村精神文明建设内容高度相符。因此，需要"弘扬中华传统美德，加强家庭家教家风建设"[1]。挖掘中华优秀传统文化，助力乡风文明建设，成了培育农村新风尚、促进乡村振兴、实现中国式现代化的有效途径。

自 2005 年我们党把乡风文明建设作为农村工作重心以来，[2] 越来越多的学者开始从多个层面关注传统文化助力乡风文明建设方面的研究。在探讨理论逻辑层面，万远英通过对民间信仰、传统村落、乡贤文化、传统节日四个方面与乡风文明的关系进行论述，揭示民俗文化推动乡风文明的重要意义[3]；牛绍娜则提出中华民族的"家文化"在中国广大的农村社会中有着不可动摇的意义，以"家文化"为切入点推动乡村振兴是中国历史进

---

*　傅禹宁，广西民族大学民族学专业 2021 级硕士研究生，现为广西工业职业技术学院教师，研究方向为民族社会学。

① 习近平. 高举中国特色社会主义伟大旗帜　为全面建设社会主义现代化国家而团结奋斗：在中国共产党第二十次全国代表大会上的报告 [J]. 创造，2022，30（11）：6-29.

② 刘欢，韩广富. 中国共产党推进乡风文明建设的百年历程、经验与展望 [J]. 兰州学刊，2021（6）：5-20.

③ 万远英. 民俗文化：新农村乡风文明建设 [M]. 北京：中国社会科学出版社，2018.

程的必然结果①。在探索实践路径层面，唐兴军与李定国②、金绍荣与张应良③等学者提出可采用经济社会学中的嵌入理论，将中华优秀传统文化、农耕文化嵌入乡风文明建设当中；石献记、朱德全则认为推广民族地区职业教育服务可重构乡村文化自信、重塑农民文化品格，推动乡村振兴④。

虽然学界前人对传统文化推动乡风文明建设的研究已然有筚路蓝缕之功，然而对于民族地区优秀传统文化推进乡风文明建设方面的研究相对较少，且大部分研究是以理论探讨居多，对实践性的探讨仍较欠缺。我们认为对民族地区传统文化促进乡风文明建设进行学理性梳理的同时，也应注重对其推动优秀传统文化助力乡风文明建设的实践经验进行调查研究。广西壮族自治区是一个多民族聚居地区，各民族在这块土地上不断交往交流交融，蕴含着十分丰富的乡土文化资源。广西各级政府部门十分重视文化资源利用与乡风文明建设，近年来，在推动优秀传统文化助力乡风文明建设方面取得了不俗的成绩。

鉴于此，本课题组于 2022 年 7 月 14 日至 8 月 15 日多次前往来宾市武宣县桐岭镇和律村、贵港市港北区龙井村、桂平市蒙圩镇曹良村等获得广西壮族自治区"乡风文明典型示范村"殊荣的村落进行田野调查，以期通过对民族地区优秀传统文化推进乡风文明建设的内在逻辑与实践路径两个方面进行探讨，为民族地区的优秀传统文化进一步推进乡风文明建设尽绵薄之力。

一、民族地区优秀传统文化推进乡风文明建设的内在逻辑

文化是文明之源，文明离不开文化。推动乡风文明建设、实现农村社会主义和谐社会离不开中华优秀传统文化的助力，在历史、理论、现实三个逻辑中，优秀传统文化对推进乡风文明建设蕴含着十分深刻的内在逻辑。

① 牛绍娜. 家文化为乡村振兴铸魂刍议 [J]. 中国矿业大学学报（社会科学版），2022，24（2）：29－38.

② 唐兴军，李定国. 文化嵌入：新时代乡风文明建设的价值取向与现实路径 [J]. 求实，2019（2）：86－96，112.

③ 金绍荣，张应良. 优秀农耕文化嵌入乡村社会治理：图景、困境与路径 [J]. 探索，2018（4）：150－156.

④ 石献记，朱德全. 民族地区职业教育服务乡村振兴的文化共生场域 [J]. 教育研究与实验，2021（3）：43－52.

（一）历史逻辑

乡村乡风文明建设从 20 世纪 20 年代起就是中国社会关注的重点。20 世纪初，中国社会正处于风雨飘摇、内忧外患之中。封建上层阶级的陈规陋习、抱残守缺和贪图享乐等歪风蔓延至中国底层社会，尤其盛行于广大农村地区。而在新文化运动之后，部分知识分子的思想开始觉醒，有志之士纷纷寻找拯救中国的方法。梁漱溟、晏阳初与李景汉等看到了乡村的价值，认为拯救中国要从根本入手，要从乡村入手，改变旧中国农民的精神面貌，① 因此致力于将人们从旧社会思想中解放出来，迈进新思想盛行的新社会之中。例如梁漱溟主张推动乡村建设要以弘扬传统文化、注重农村风气为主。他认为改变乡村不良风气的最佳方法就是借助传统文化教育重塑乡村伦理道德，通过宣传儒家经典，开展国学教育，对村民实行道德教化，使其重拾对传统文化的信心，塑造勤俭美满、和睦邻里、兄友弟恭等良好乡村风气。②

新民主主义革命时期，以毛泽东为代表的共产党人率先在农村地区，尤其是陕甘宁、湘鄂赣等革命根据地进行社会风气改造，探索如何在封建落后思想严重的农村社会改善乡村风气，解放受封建压迫的农民的思想。然而，毛泽东认为，解放思想并不是完全否定中国传统文化，"中国的长期封建社会中，创造了灿烂的古代文化。清理古代文化的发展历程，剔除其封建性的糟粕，吸收其民主性的精华，是发展民族新文化，提高民族自信心的必要条件"③。毛泽东尤其看重民族地区的优秀传统文化，他在《论新阶段》中特别强调："尊重各少数民族文化、宗教、习惯……而且应赞助他们发展用各族自己言语文字的文化教育。"④ 毛泽东将马克思主义文化理论与中国社会的实际情况相结合，提出要批判性地继承中国的传统文化，尊重少数民族的传统风俗习惯，剔除封建糟粕，吸收民主精华，促进优秀传统文化与优良乡村风气融合，并且在推动乡村文化发展的同时，既要区分传统文化中的民主性与落后性，也要注重优秀传统文化在改造农村

---

① 黄家亮. 百年变迁视野下的定县乡村建设实验 [J]. 山东社会科学, 2020 (12): 39 –45.

② 王雪. 袭古与创新: 梁漱溟基于传统的乡村建设实践评析 [J]. 天津大学学报 (社会科学版), 2020, 22 (4): 330 –335.

③ 毛泽东. 毛泽东选集 [M]. 北京: 人民出版社, 1966: 700 –701.

④ 中共中央统战部. 民族问题文献汇编 1921.7—1949.9 [G]. 北京: 中共中央党校出版社, 1991: 597.

风气运动中的影响。由此，中国特色农村精神文明建设工作的理论初具雏形。

改革开放以来，中国经济得以迅速发展，农村物质生活水平显著提高。乡村的物质条件得到了改善，但精神文明建设却并没有跟上脚步。鉴于此，邓小平提出："我们要建设的社会主义国家，不但要有高度的物质文明，而且要有高度的精神文明。"① 农村物质生活水平稳定提高的同时，也要助力农村文化建设，推动农村精神面貌持续变好。注重传统文化对精神文明建设的作用及影响，以"钻研、吸收、融化和发展"② 的姿态批判继承中国传统文化，使其能更好地提高中国广大农民的文化水平，带动广大农民道德品性的提高。1996 年中国共产党第十四届中央委员会第六次全体会议中强调"要继承和发扬民族的优秀文化传统……"，"把精神文明建设放到建设有中国特色社会主义整个事业的大局中来考察"。③ 2005 年党的十六届五中全会提出建设社会主义新农村的目标，并正式提出了"乡风文明"这一概念。

"一个地方的文化建设内容有很多，有一个重要的着力点就是要弘扬地方的传统文化。"④ 要挖掘传统文化的可取之处，培育引导乡土人才以促进乡风文明建设。2018 年国务院印发了《乡村振兴战略规划（2018—2022年）》，明确将中华传统文化融入乡风家风民风建设纳入战略规划："以传承发展中华优秀传统文化为核心……培育文明乡风、良好家风、淳朴民风。"⑤ 民族地区的各级政府积极响应中央号召，借助民族地区中的优秀传统文化推动乡风文明建设，如广西精神文明建设委员会下发的《自治区文明委关于推广乡风文明建设先进典型好经验好做法的通知》中明确提倡要"推动传统文化弘扬传承，培育熏染群众道德情操"。

（二）理论逻辑

在国家、乡村社会、乡民三个层面上，优秀传统文化推动乡风文明建

① 邓小平. 邓小平文选：第二卷 [M]. 北京：人民出版社，1994：367.

② 邓小平. 邓小平文选：第二卷 [M]. 北京：人民出版社，1994：212.

③ 中共中央关于加强社会主义精神文明建设若干重要问题的决议 [EB/OL]. （2001 - 11 - 01）. http://news.enorth.com.cn/system/2001/11/01/000180595.shtml.

④ 习近平. 摆脱贫困 [M]. 福州：福建人民出版社，1992：23.

⑤ 中共中央　国务院印发《乡村振兴战略规划（2018—2022 年）》[EB/OL]. （2018 - 09 - 26）. https://www.gov.cn/zhengce/2018 -09/26/content_ 5325534.htm.

设符合当下建设具有中国特色的社会主义的基本国情。

对国家而言，优秀传统文化赋能乡风文明是走中国特色社会主义道路以及实现中国式现代化的重要途径之一。马克思主义文化观是马克思主义唯物史观至关重要的组成部分。① 马克思主义文化论认为，精神文化的核心是民族精神，民族精神是该民族在其独特的社会历史进程中不断沉淀和升华中凝练而来的，其蕴含在该民族所创造出来的物质或非物质文化之中，它是一个民族赖以生存的命门所在，是该民族文化延绵发展的重要核心。而中华民族传统文化正是以爱国主义为核心，兼具和而不同、自强不息、奋发向上等中华民族精神，共同构成了中华民族虽屡次遭受重大磨难仍然屹立不倒的精神内核。"中华优秀传统文化的资源，这是中国特色哲学社会科学发展十分宝贵、不可多得的资源。"② 将马克思主义文化观与中国的传统文化相结合，要剔除传统文化中消极剥削的封建残余思想，同时也要注意吸收中华优秀传统文化，为中国特色社会主义政治、经济、生态、社会等建设提供坚强的思想保证、强大的精神动力与有据可循的文化来源。③ 乡风文明建设作为走中国特色社会主义道路、实现中国式现代化的重要组成部分，优秀传统文化赋能乡风文明恰恰是中国特色社会主义文化建设的最新实践成果，是我国在社会主义建设的过程中所体现出的道路自信、理论自信、制度自信、文化自信。

对乡村社会而言，传统文化为农村乡风文明建设提供了重要文化资本。中华民族的传统文化，尤其是农村文化，是以农村社区为最小的整体性单元，是文化传承与创新的基础载体。④ 以一个个村落社区为整体单元的农村社会形成了传统文化场域，中华民族传统文化成为农村地区独特的文化资本。在布迪厄的关系社会学中，场域与惯习是相辅相成、不可分割的关系。⑤ 一方面，客观性的场域在无形中引导或约束场域内的作为主体的人的思想与行为，塑造着人的惯习；另一方面，主观性的惯习又在引导着人们维护或改造人作为主体的所在的场域。在农村社会中，传统文化也

① 赵文静. 马克思主义的文化理论 [M]. 长春：吉林出版集团股份有限公司，2014：34.

② 习近平. 在哲学社会科学工作座谈会上的讲话 [N]. 人民日报，2016 - 05 - 19 (002).

③ 赵文静. 马克思主义的文化理论 [M]. 长春：吉林出版集团股份有限公司，2014：105.

④ 方坤，秦红增. 乡村振兴进程中的文化自信：内在理路与行动策略 [J]. 广西民族大学学报（哲学社会科学版），2019，41 (2)：41 - 48.

⑤ 毕天云. 布迪厄的"场域—惯习"论 [J]. 学术探索，2004 (1)：32 - 35.

在发挥着相似的作用。农村社会是农村传统文化根植的沃土，乡民从小就生活在农村社会之中，村落文化由于在当地社会长时间演变、发展、传承，早已成为当地社会独特的文化场域，已深深融入当地乡民的思维逻辑与行为实践之中，形成了当地村民普遍认可、接受的文化标准。而在乡风文明建设的过程中，若以马克思主义为指导，促进当地优秀的文化资本投入乡风文明建设，便能让乡民较为容易地接受政府的引导，使不良习惯潜移默化地发生改变，村落风气将日渐改善。

对乡民而言，中华优秀传统文化是培育新时代中国特色社会主义新农民的重要源泉。"文化源自人的实践，在文化实践过程中人创造了一个对象化的异己存在物，这个存在物既是人的劳动成果，也是人的精神与劳动的对象化。"① 传统文化在当地独特的自然环境与特殊的社会历史背景下孕育而生，凝聚了当地人民的社会记忆、生命体验与地方性知识。② 传统文化的濡化贯穿着一个乡民的整个人生。③ 乡民长期处于传统文化场域之中，传统文化已经渗入乡民日常生活的方方面面，推动乡风文明建设绕不开传统文化的影响。乡风文明建设始终是以农村为实施对象，是以生活在农村社会的乡民为实践主体，而社会主义核心价值观蕴含着中华民族的优秀文化基因。因此，转变乡民存在的传统陋习，树立农村文明新风，培育出新时代下符合社会主义核心价值观的农民，是乡风文明建设中的重要目标。弘扬民族精神、传承民族文化，成为培育社会主义核心价值观行之有效的切入点。④ 改变社会风气，要从个人做起，"使中华优秀传统文化成为涵养社会主义核心价值观的重要源泉"⑤。遵循马克思主义的指导，以辩证的态度对中华优秀传统文化进行"创造性转化"与"创新性发展"，重视传统文化对乡民的濡化机理，有利于树立与培育乡民的社会主义核心价值观，促进乡风文明建设。

---

① 柏路，包崇庆. 精神生活共同富裕的文化之维 [J]. 思想理论教育，2022（12）：33 – 40.

② 罗心欲. 地方特色文化融入乡村振兴战略探析 [J]. 西南石油大学学报（社会科学版），2022，24（3）：28 – 34.

③ 崔延虎. 文化濡化与民族教育研究 [J]. 新疆师范大学学报（哲学社会科学版），1995（4）：78 – 84.

④ 温静，王树荫. 弘扬民族精神以培育社会主义核心价值观 [J]. 中国特色社会主义研究，2013（2）：66 – 70.

⑤ 习近平. 习近平谈治国理政 [M]. 北京：外文出版社，2014：164.

（三）现实逻辑

共同富裕是全体人民的富裕，是人民群众物质生活和精神生活都富裕。共同富裕不单单指的是经济生活、物质生活上的富裕，同时涵盖着精神生活、文化生活等全方位的富裕。而乡风文明建设战略的一大目标正是要在提升农村的物质生活条件的同时，逐渐改良农村社会的道德风气，提高人民的精神生活水平。

现阶段，我国的主要矛盾仍然是"人民日益增长的美好生活需要和不平衡不充分的发展之间的矛盾"。随着市场经济的高速发展，追求经济效益成了当下农村发展的主要目标。尤其在开展乡村振兴战略的大环境下，大部分农村选择集中精力优先发展物质文明而忽视或停滞精神文明的发展。作为农村精神文明建设主体的基层干部与农民群体对于乡风文明建设还存在认识不足、不够重视的情况，许多农村乡风文明建设工作都流于表面，没有落到实处。① 这导致了农村物质文明与精神文明协调性的弱化，农村社会陷入经济快速发展而道德文明建设跟不上的局面，且最终进入物质文明反噬发展的恶性循环，这使乡村振兴战略实施效果大打折扣。大部分民族地区处于我国的中西部欠发达地区，当地农村将重心放在经济发展上，精神文明建设的脚步放缓，导致赌博之风蔓延、迷信陋习盛行、宗族霸权势力抬头、家庭伦理缺失、盲目攀比现象频出等不良风气持续弥漫。以农村赌博事件为例，黄昕等人通过对湖南省 14 个市州的 1 000 余个行政村展开问卷调查，发现村民在打发业余时间的活动中，"打牌、赌博"的比例高达 24.1%。② 吕德文对闽西某村进行田野调查，发现该村百余名青年中大部分有网络赌博的经历，其中有 14 名青年因赌博欠下三四十万元至两三百万元的巨额赌债。③ 赌博现象已然成为农村工作不容忽视的问题。我们在贵港市下辖的马鞍村进行田野调查时，HCY（女，汉族，53 岁，初中毕业，务工，A 村村民）这样说道：

> 我们村那些去广东打工的（村民），尤其是男的，春节那几天回来就天天聚在村口那个小卖部里打牌，在外面辛辛苦苦干一年的血汗钱就这几

---

① 杨宏杰. 加强新时代农村精神文明建设若干思考 [J]. 农业经济，2022（5）：70－72.

② 黄昕，吴恒同，张振国. 纵横磨合：乡风文明建设的多重逻辑：基于湖南省 14 个市州的调查分析 [J]. 吉首大学学报（社会科学版），2019，40（4）：124－133.

③ 吕德文. 当前农村移风易俗突出问题及干预策略 [J]. 国家治理，2022（13）：54－59.

天输光了，输光了又去打工，打工回来又继续赌，年年如此，哪里还剩（存）得下来钱？有些人家里面，两口子就是因为这个天天吵架，还有些人没钱了去偷人家的电动车，风气哪里会好得起来？

可见，农村不良风气的盛行不仅背离了人民对美好生活的精神价值追求，还阻碍了农村经济的良性发展，这对本就处于西部欠发达民族地区的人们影响尤为严重。当地人民急需一种途径革除农村的陋习，改善精神面貌，重塑乡村文明新气象。而优秀传统文化则是改革农村陋习的一剂良药。外来文化毕竟是舶来品，嫁接而来的事物很难生存于这片土地之上，难以适应当下中国广大农村社会的实际情况。而中华优秀传统文化扎根在中国广大农村地区，在几千年历史长河中不断迸发出新活力，是中华民族宝贵的文化财富。其中，中华优秀传统文化蕴含着孝敬父母、诚实守信、守望相助等体现民族品质与民族精神的传统美德。中华民族传统美德是中华民族世代相传的民族智慧的体现，是根植于人民内心深处的文化基因的表达，也是中华民族共有的精神家园的象征。其为中华民族的崛起和繁荣提供了内生动力与自信的源泉。①"中华优秀传统文化是中华民族的文化根脉，其蕴含的思想观念、人文精神、道德规范，不仅是我们中国人思想和精神的内核，对解决人类问题也有重要价值。"②弘扬中华民族传统美德，并以社会主义核心价值观为纲领，大力推动中华优秀传统文化在农村社会的传承与发展，有利于抵制与消除农村社会不良风气的盛行与侵蚀，使农民的思想观念、道德情操在潜移默化中向好发展。习近平在广西视察时强调："各民族共同团结进步、共同繁荣发展是中华民族的生命所在、力量所在、希望所在，在全面建设社会主义现代化国家的新征程上，一个民族都不能少！"③利用民族地区丰富多元的优秀传统文化、民俗文化推动乡村乡风家风建设，推动物质文明与精神文明的共同发展，在农村物质生活条件逐渐改善的同时，使农村面貌焕然一新，营造出团结、稳定、友善的新农村社会环境。

---

①　文吉昌，薄海. 习近平关于中华优秀传统文化重要论述的逻辑理路［J］. 理论导刊，2022（10）：4-10，40.

②　新华社. 习近平出席全国宣传思想工作会议并发表重要讲话［EB/OL］.（2018-08-22）. https://www.gov.cn/xinwen/2018-08/22/content_5315723.htm.

③　张晓松，朱基钗，杜尚泽."加油、努力，再长征！"：习近平总书记考察广西纪实［EB/OL］.（2021-04-29）. http://www.xinhuanet.com/2021-04/29/c_1127388818.htm.

二、民族地区优秀传统文化推进乡风文明建设的实践路径

(一) 弘扬优秀传统家庭伦理思想,涵养良好家风

　　家庭是人进行实践的第一场所,优良的家风对于人的思想品德建设有着重要影响。[①] 推进乡风文明建设的一项重要任务就是要推动村民培育良好家风,而良好家风的涵养与优秀传统家庭伦理思想的盛行息息相关。家庭伦理包括恋爱关系伦理、婚姻关系伦理、兄弟姐妹关系伦理与亲子关系伦理等。"家庭伦理在本质上是指以协调家庭成员间的相互关系为目的的各种道德规范的总称。"[②] 在几千年的中国传统社会中,以尊老爱幼、相敬如宾、母慈子孝为代表的优秀家庭伦理观念是中华民族道德伦理观的重要组成部分。以孝道文化为例,孝道作为中华民族特有的本土性、综合性与原发性的首要文化观念[③],两千多年来一直是中华民族所推崇的传统美德。"君子务本,本立而道生。孝弟也者,其为仁之本欤。"[④] 孝道是"仁"的根本,是中华民族自身培育"温良恭俭让"美好品德的文化根源。少数民族对于孝道文化也十分推崇,在其民俗文化中就有多处体现。壮族史诗《布洛陀经诗》中就明确记录壮族先民孝道文化从无到有的过程:从前在壮族社会中,儿女打骂父母、媳妇不孝公婆等违反纲常伦理的事情经常出现,后来人们重视孝道的培育,媳妇开始孝敬公婆,子女也不再打骂父母[⑤]。可见,在推动家风建设的道路上,中华民族就有着十分坚实的文化基础与思想底蕴。然而,在现代社会,随着工业化的蓬勃发展,农村家庭从"自给自足"的农耕生计模式转变成"半耕半工"的农户结构,出现了亲子矛盾、老人不受待见、家暴、兄弟姐妹关系隔阂等家庭道德失范现象,重塑家庭道德伦理成为社会迫切需要解决的问题。优秀传统家庭伦理思想根植于中华优秀传统文化之中,在广大的农村社会有着浓厚的文化底蕴,且与新时期家风建设的价值取向高度耦合。弘扬优秀家庭伦理思想,有助于拉近家庭成员关系,缓和家庭矛盾,使良好家风在农村社会蔚然成风。

① 杜都. 优良家风涵养家庭美德的伦理探析 [J]. 道德与文明, 2022 (3): 157 – 164.
② 周俊武. 论中国传统家庭伦理文化的逻辑进路 [J]. 伦理学研究, 2012 (6): 75 – 80.
③ 肖群忠. 孝与中国国民性 [J]. 哲学研究, 2000 (7): 33 – 41, 80.
④ 兰州大学中文系孟子译注小组. 孟子译注 [M]. 北京: 中华书局, 1960: 259.
⑤ 黄雁玲. 壮族传统家庭伦理及其现代演变研究 [M]. 北京: 民族出版社, 2017: 142.

"道德回报是指源于行为主体的道德行为或道德品质善恶而对行为主体进行的物质、精神等的奖赏和惩罚。"① 广西农村地区弘扬优秀传统家庭伦理思想的普遍方式是采用评选先进典型榜样、激励身边群众的道德回报机制。广西各级政府通过对先进榜样进行表彰与宣传，激发村民对榜样的崇敬之情，带动村民向榜样学习，有利于摈弃农村落后陋习，培育良好家庭氛围。如桂林市兴安县溶江镇莲塘村定期开展"好婆婆""好媳妇"等评比，弘扬优秀家庭伦理思想，激励更多的村民效仿、学习典型案例的做法。贵港市港北区龙井村广泛开展"文明家庭"、最美家庭、好婆媳、好妯娌等先进典型人物的评比，并注重举行良好家风建设系列讲座，或邀请获得荣誉的道德模范进行宣讲，促使村民养成传统美德，重视家庭伦理教育，推动村落中形成"比学赶超"的良好氛围，以树立榜样、争做模范的精神推动家风建设。

（二）践行"和合"文化理念，构建和谐乡村

中华民族"和合"文化源远流长。它是中华传统文化的精髓，也是公认的中国人文精神的核心。将"和合"两字拆开，"和"代表了"和谐""和善""和睦""和平"之意；而"合"则体现着"合作""结合""相合"等汇聚之意。中国人既讲究"和"，也强调"合"。"和谐"是以"合作""结合"为基础的，没有"合作"就没有"和谐"的产生。② 将"和""合"结合到一起，体现着中华民族"倡导和平，推崇和谐，求同存异，合作共赢"的思想观念。在中华几千年的历史长河中，和合文化一直都是中国社会的主旋律。上至庙堂，政通人和是掌权者毕生追求的理想执政理念；下至社会，天下大同是百姓对美好生活的向往；对于家庭来说，家和万事兴预示着家庭的和睦兴旺；对个人而言，以和为贵，君子和而不同又是其品德追求。除了汉族推崇天地人和的"和合"文化外，推崇和谐、促进合作与守望相助等"和合"精神也经常出现在少数民族文化之中。壮族长诗《传扬歌》中多有弘扬守望相助、和谐共处的"和合"精

---

① 黄雁玲. 论道德回报的实质与心理基础 [J]. 理论导刊, 2010 (6)：39－41.
② 张立文. 中国传统和合文化与人类命运共同体 [J]. 中国人民大学学报, 2019, 33 (3)：2－8.

神："既然做邻里，相敬如亲友"，"壮家讲互助，莫顾自家忙"。①"和合"文化还有着十分丰富的时代价值。从民族团结的角度上看，正是由于汉族与少数民族有着丰富的"和合"文化，才形成了如今铸牢中华民族共同体意识的文化底蕴。而从乡村振兴的角度看，邻里和谐、家庭和睦、守望相助等"和合"文化的内容是乡风文明建设的基本目标。由此可见，推动"和合"文化融入乡风文明建设有着重要意义。

位于贵港市港北区的龙井村就是和合文化推进乡风文明建设的典型示范村。龙井村是典型的壮汉民族共居村落，有上龙、护龙、双井三个自然屯（其中上龙为汉族的主要聚居地，护龙与双井则是壮族聚居地）。民族团结是龙井村的一村一品牌。然而在 20 世纪，龙井村民族交往不多、交融不深，有时壮汉民族间还会发生一些冲突，对民族团结产生影响。21 世纪初乡村振兴战略构想提出以来，该村村委认真学习贯彻党的指导方针，提出通过改善村民关系、构建民族团结以促进乡村发展，当地壮族传统节日"三月三"的民俗文化——"百家宴"成了修复民族关系的良好切入点。壮族"百家宴"的前身为"祠堂酒"，最初是为了聚集宗亲商讨族中事，祈求来年风调雨顺。随着时间的推移和这一习俗的不断推演，"祠堂酒"演变成了有着壮家热情好客、淳朴友爱与和谐大同的"和合"精神的"百家宴"。每到节日庆典时，壮族村民身穿以"蓝衣"为代表的传统民族服饰，邀请四方宾客欢聚一堂。龙井村的村委借助这一契机，邀请汉族村民一同参加"百家宴"欢庆仪式，汉族村民积极参与其中，壮族村民热情招待，两族村民欢聚一堂，双方过往发生的摩擦也渐渐消弭。自此，每逢壮族或汉族村民家中婚丧嫁娶需要宴客会友，互相都会邀请对方村民赴宴。长此以往，龙井村壮汉民族之间的关系更加密切，民族关系更加团结，以前经常发生的争吵斗殴现象不再发生，乡风面貌焕然一新。在两族村民的共同努力下，龙井村带有民族特色的"和合"文化融入乡风文明建设的效果突出。该村也在 2014 年国务院第六次全国民族团结进步表彰大会上荣获"全国民族团结进步模范集体"称号。2017 年，龙井村荣获广西壮族自治区第二批"全区民族团结进步创建活动示范区"称号。2020 年，龙井村被评为"全国文明村镇"。

---

① 梁庭望，罗宾. 壮族伦理道德长诗传扬歌译注 [M]. 南宁：广西民族出版社，2005：126－127.

（三）以乡贤为标杆，带动乡民自发性参与乡风文明建设

乡贤文化也是中华民族传统文化之一，是由中国传统农耕社会特质决定的。中国的行政体系自古以来就有"皇权不下乡"的传统，县级以下的管理区域不受朝廷直接掌控。① 而是以"德治"为主，"法治"为辅，由当地的乡绅、乡贤掌握着农村的行政管理与道德教化，维系农村社会的公共秩序与道德规范。乡贤文化不仅在汉族地区广为盛行，在少数民族地区也在维护社会公序良俗中发挥着作用，使"德不失其位"。例如瑶族的寨老制，寨老由瑶族村村民共同推举出的男性村民担任。寨老在村寨中德高望重。当村民婚丧嫁娶时，首先要告知寨老；当邻里发生纠纷时，寨老要充当仲裁者与调解人；当村寨发生匪乱外辱时，寨老就要组织村民保护家园。② 费孝通提出，中国农村社会，本质上是乡土性的。③ 依靠乡土社会发展起来的小农经济属于道义经济。无论是古代百姓还是现代公民，追求道义和利益相结合都是亘古不变的高层次追求。④ 然而，在改革开放之初，人们在享受中国经济高速发展所带来的红利的同时，也出现追利舍义的不良行为。这些恶习影响着村民互相帮衬、守望相助的良好风气，破坏了乡村的道德伦理，淡化了村民之间的联系纽带。而乡贤作为农村的道德代表，是村中仪式习俗的实践者，其在农村社会的威望甚高。以乡贤为典型示范，重塑乡民善良、诚实、勤奋的道德品质，重构良好的乡风家风，使德归其位。在促进农村社会法制与德治相结合的建设路径的同时，要注重本土乡贤文化的影响。"挖掘和保护乡土文化资源，建设新乡贤文化……提升乡土文化内涵。"⑤ "积极发挥新乡贤作用。"⑥ 以农村老干部、老教

---

① 刘淑兰. 乡村治理中乡贤文化的时代价值及其实现路径 [J]. 理论月刊，2016 (2)：78 - 83.

② 谷家荣，杨素雯. 从"权力下乡"到"权力在乡"：滇越边境瑶族村治变迁实证研究 [J]. 广西民族大学学报（哲学社会科学版），2010，32 (4)：95 - 100.

③ 费孝通. 乡土中国 [M]. 北京：北京大学出版社，2012：9.

④ 胡鹏辉，高继波. 新乡贤：内涵、作用与偏误规避 [J]. 南京农业大学学报（社会科学版），2017，17 (1)：20 - 29，144 - 145.

⑤ 新华社. 中共中央办公厅　国务院办公厅印发《关于实施中华优秀传统文化传承发展工程的意见》[EB/OL]. (2017 - 01 - 25). http://www.gov.cn/zhengce/2017 - 01/25/content_ 5163472. htm.

⑥ 中共中央　国务院印发《乡村振兴战略规划（2018—2022 年）》[EB/OL]. (2018 - 09 - 26). http://www.gov.cn/zhengce/2018 - 09/26/content_ 5325534. htm.

师、老党员、老模范、老复退军人即"五老"为基础，中华民族传统乡贤文化为文化土壤，构建新时期新乡贤文化体系。凭借乡贤在农村社会的影响力，让他们以自身为标杆，推动乡风文明建设。

不少农村基层组织将弘扬乡贤文化、树立良好榜样作为乡风文明建设的工作重心。例如来宾市武宣县桐岭镇和律村，就是合理运用乡贤文化资源、建设良好乡风家风的典范。和律村是一个英雄村，其红色革命文化底蕴深厚，老一辈村民的思想觉悟很高。近些年，和律村村委积极推动本村乡贤参与实施乡村振兴战略，动员本村的老干部、老党员、老教师等在本村具有声誉与威望的老人组建"五老"志愿服务队，并通过加强"五老"宣讲力度，开展"五老"党史学习教育，多次组织新、老乡贤交流，动员乡贤能人加入村民道德评议会、禁赌禁毒会、红白理事会等群众自治组织等方式，强化"五老"人员的思想意识，使其在创业、经商、投资等物质方面能发挥自身经验与技术优势，也在精神方面动员村民参与精神文明建设，带头戒除不良恶习，带动青壮年返乡创业，解决和律村在乡村振兴过程中出现的困难，并提供适当帮助。正是通过乡贤带动和律村村民物质与精神两方面的共同发展，和律村的整体面貌持续变好，发展速度快，民心团结，成了借助乡贤文化带动乡村发展的优秀案例，成为广西唯一上榜第二批全国村级"文明乡风建设"的典型案例，获 2021 年广西壮族自治区"乡风文明建设十大先进典型案例"等诸多荣誉。

（四）借助乡村习惯法，增强文明乡风培育的有效性

中国乡村习惯法文化是中国乡土社会"德治"与"法治"相结合的体现之一，也是中华传统法系的重要组成部分。习惯法是与制定法相对的，某一地域或群体中自发形成的、通行的规范，可对共同体成员产生约束力。① 作为小传统的习惯法，在以道义经济为主导的农村社会中，以村民的集体认同与自觉遵循为前提，村民的相互监督、相互约束为强执行力，维护着乡村的社会治安与公序良俗。我国民族地区的习惯法文化也十分丰富，例如瑶族的石牌、侗族的款约、苗族的榔规等都是民族地区优秀习惯法文化，是中国传统法学文化的瑰宝。各民族习惯法文化的称呼、形式、

---

① 朱赫夫. 习惯法的复兴：从"枫桥经验"到"自由人的联合"［J］. 学习论坛，2024（3）：120 – 127.

制度虽然有所不同，但是在维护乡村和谐稳定、解决乡亲邻里纠纷、团结族群凝聚人心、营造良好乡村风气等方面所起到的作用却不约而同。

乡村习惯法是乡村优秀传统文化的结晶，为农村构建社会主义和谐社会、维护良好乡风、提升村民精神文明水平作出了不可磨灭的贡献。[①] 譬如，获得第二批广西壮族自治区"乡风文明建设示范村"荣誉的桂平市蒙圩镇曹良村就是以习惯法文化推动乡风文明建设的优秀案例。在曹良村的村口耸立着一块道光十三年（1833）定制的石碑——"县示谕碑记"（图1）。

图1　县示谕碑记（傅禹宁摄于2024年6月20日）

县示谕碑记：

桂平县正堂熊大老爷示谕军民人等知悉：如遇年老幼弱及疲虚残疾者方准给以钱米粥食，如有强者恶丐并三五成群在村中肆行无忌者，仰界差

---

① 宋才发. 习惯法在乡村治理中的法治功能探讨 [J]. 广西民族研究，2020（2）：49 - 56.

地保村老严拿解赴至本县，以凭尽法究治，决不宽宥，毋达特示。

一禁村内以正风俗先饷众弟子有不循分者，即鸣锣声罪绝不宽宥；

一禁村内人等不得窝匪聚赌，如有犯者，众当攻击送官究治，绝不容情；

一禁被贼恶喀霸招攀，众必协力扶持断，不得畏首不前；

一禁日夜被贼窃，遇有闻声叫喊，我等皆当同心必捉获送官究治罪；

如有见贼窃物不举者，一经查出，即与贼同论决，不容情隐忍。

道光十三年

告示

　　碑文详细记载着提倡尊老爱幼、维护治安、村民团结、帮助弱小等内容，规定曹村（曹良村旧称）村民要严格遵守这一村规民约，如若发现违规则"绝不容情""绝不宽宥""与贼同论"。令人遗憾的是，记载着曹良村最古老的村规民约的原始碑刻在岁月的蹉跎中被丢弃到水沟里，在几十年的时间里这块碑被随意践踏，幸好碑文仍依稀可见。在20世纪八九十年代，当地出现盗窃、抢劫、吸毒等犯罪行为，为了改变社会不良风气，当地村委着手开始了维护社会和谐稳定、倡导移风易俗等乡村乡风文明建设。当地村委翻阅族谱时发现了村中"县示谕碑记"的存在，决定把它重新立在村口，将这一村中独特的习惯法文化作为村民的精神动力，重塑良好的道德规范，维护当地社会治安，对偷盗抢劫等行为起到警醒作用，重整当地的社会风气。自此以后，借助重塑"县示谕碑记"这一独特习惯法在村民心中的约束力，曹良村的整体面貌持续变好，乡村风气也逐渐发生改变。该村乡风从原来的道德观念弱化、利己主义盛行转变成如今邻里和睦、明礼诚信等风清气正的文明乡风。曹良村由此获得了第九批"全国民主法治示范村（社区）"荣誉称号。此外，不少民族地区的农村将本村的习惯法文化与社会主义精神文明要求、社会主义核心价值观相结合，培育农村文明新风。例如桂林市兴安县溶江镇莲塘村以《庄氏族戒》闻名于世。近些年，莲塘村大力开展"传家训，亮家风"等建设文明乡风活动，村委与村中乡贤带头整理庄氏先贤事迹，村民主动以《庄氏族戒》中"谨丧葬、禁赌博、远邪术"等中华传统美德为价值引领，融合了社会主义核心价值观与习近平新时代中国特色社会主义思想，制定自家的家训家规。正是莲塘村积极推动习惯法文化与社会主义核心价值观相结合，让该村得以呈现村落"夜不闭户"、村民"怡然自得"的美好景象。莲塘村也因此入选2021年广西壮族自治区"乡风文明建设十大先进典型案例"。

三、结语

综上所述，新时期民族地区优秀传统文化推进乡风文明建设具有其历史、理论和现实的逻辑必然性。实践经验也表明，民族地区优秀传统文化能有效推动乡风文明发展。这就需要我们深入挖掘民族优秀传统文化，推动其创造性转化和创新性发展，助力民族地区乡风文明建设。我们要通过弘扬优秀传统家庭伦理思想以涵养良好家风、践行"和合"文化理念以构建和谐乡村、利用乡贤文化以带动乡民积极参与乡风文明建设、借助乡村习惯法以增强文明乡风培育的有效性等措施，提高新时期农村乡风文明程度，助力乡村振兴，实现中国式现代化发展。

红色文化推进乡村振兴的实践价值

——基于钟山县英家村的田野调查

黄雁玲　李小妹[*]

　　2023 年初，中共中央、国务院发布了《关于做好 2023 年全面推进乡村振兴重点工作的意见》，该意见针对我国乡村问题的现状、未来发展，提出做好"三农"工作，不容有失，全力、全面推进乡村振兴。[①] 只有通过大力支持乡村发展，推动乡村振兴，走中国式现代化的乡村振兴道路，才能实现中华民族共同富裕，从而实现民族复兴。在全力推动乡村振兴、乡村建设的过程中，充分挖掘与利用红色文化资源，有利于为乡村地区创造经济、文化、生态等价值，全面推动乡村振兴战略的实施。

　　目前学界关于乡村振兴与红色文化的研究成果较为丰硕，相关学者不仅从理论上探讨红色文化对推进乡村振兴的价值，而且结合乡村实际情况探讨红色文化推动乡村振兴的实践路径。曾祥明、胡元认为红色文旅资源可以推动乡村文化、产业、生态振兴，红色文旅资源与乡村振兴存在着天然的价值耦合。[②] 陈宁、徐茹认为红色文化遗产具有独特性、丰富性、文化性等特点，作为中华优秀文化，是乡村振兴的"助推器"，以荷塘乡为例，当地红色文化遗产与当地农业、生态体育、研学教育结合有助于推动乡村振兴。[③] 付璐提出要完善红色文化景区公共设施，提升村民收入，构建红色文化旅游与乡村振兴的良性互动。[④] 孙伟从毛泽东《中国社会各阶

---

　　[*] 李小妹，广西民族大学民族学与社会学学院 2022 级民族学专业硕士研究生。

　　[①] 中共中央　国务院. 关于做好 2023 年全面推进乡村振兴重点工作的意见 [N]. 人民日报，2023 - 02 - 14 (001).

　　[②] 曾祥明，胡元. 论红色文旅资源在乡村振兴中的价值及其实现 [J]. 延边党校学报，2022，38 (6)：42 - 47.

　　[③] 陈宁，徐茹. 红色文化遗产保护助推乡村振兴建设的"荷塘经验"[J]. 原生态民族文化学刊，2022，14 (6)：43 - 52，154.

　　[④] 付璐. 文化强国视域下红色旅游的高质量发展 [J]. 社会科学家，2022 (8)：39 - 43.

级的分析》一文探索中国红色文化的历史渊源，以田铺大塆为例，提出要提取红色文化符号，并将红色文化资源转化为可利用的发展资本，引导其进入经济活动，产生经济效益。① 综上所述，目前关于红色文化与乡村振兴的研究多为从乡村具体实际情况出发讨论红色文化对乡村振兴的价值与实践路径，认为红色文化对乡村振兴有巨大的作用，是乡村振兴中较为重要的可利用资源。基于此，2023 年 7 月，我们来到了贺州市钟山县英家村——一个具有浓厚红色文化氛围的革命村。在英家村的调查过程中，我们发现英家村红色文化资源丰富，历史底蕴深厚，正在被有效地挖掘、利用，乡村设施规划较为完整，红色文化旅游等产业发展潜力大。英家村红色文化的有效挖掘进一步激发了英家村的经济、文化等价值。在英家村红色文化的有效挖掘过程中，红色文化产生了什么样的价值，又是如何激活乡村活力、推动乡村振兴的呢？

一、红色文化与乡村振兴的关系

2024 年全国两会中，乡村振兴成为热门话题，备受广大人民群众关注。政府工作报告提出“进一步推动农民增加收入，发展乡村富农产业”，“深入实施乡村建设行动”。代表委员表示，要从各地实际和农民需求出发，推动乡村发展取得新进展，加快脚步建设美丽和谐、让人民满意的宜居乡村。② 乡村振兴最重要的即产业振兴，就地发展乡村特色产业，利用、开发现有资源，实现资源利用、经济开发的有效结合。现如今，有许多乡村合理挖掘当地红色文化资源，利用红色文化资源发展红色文化旅游、建设生态农村、发展相关产业等，取得了显著成果，为实现乡村振兴助力。红色文化与乡村振兴之间紧密相连，相互成就，在许多方面有共通之处。

（1）红色文化与乡村振兴之间主体一致、涉及领域相同。红色文化与乡村振兴都离不开政府和人民。乡村振兴需要多方面的共同努力，政府要带领人民群众走好每一步，社会需要齐心协力，人民要积极投身参与，发

---

① 孙伟. 红色文化与乡村振兴的契合机制与实践路径：以新县田铺大塆为分析样本 [J]. 河南社会科学，2020，28（7）：99 - 104.
② 常钦，叶传增，李蕊，等. 扎实推进乡村全面振兴 [N]. 人民日报，2024 - 03 - 08 (011).

展红色旅游也离不开政府的支持、社会和农民的积极参与。① 红色文化资源的利用与乡村振兴目标的实现都离不开政府与人民的努力，将红色文化转化运用于乡村建设、发展乡村经济实现乡村振兴，也离不开政府和人民的努力。红色文化与乡村振兴都要把人民放在首要位置，坚持人民的主体地位，实施的政策和建设方针要从人民出发，为人民创造更多经济收入，增强人民的幸福感和获得感，利用红色文化为乡村经济赋能，协调乡村经济产业发展。开发乡村特色农业产品，在乡村现有的基础上，从乡村特色农产品出发，大力扶持乡村特色产业，以产业振兴促进乡村全面振兴。② 2024 年 3 月 5 日召开的十四届全国人大二次会议上，湖北省恩施土家族苗族自治州农业科学院院长沈艳芬针对推进乡村振兴、建设美丽乡村发表了自己的看法。她认为红色文化与乡村振兴之间有许多共同点，例如它们都涉及经济、政治、文化等领域。她认为在共同的领域之中，利用红色文化推动乡村产业振兴、文化振兴等，因地制宜发展特色产业，以此推动乡村振兴，在政府的不断推进和人民的不断努力下，解决乡村的发展问题，奋力实现乡村振兴的重要战略，建成农村现代化强国的目标一定能实现。

（2）红色文化与乡村振兴之间理念共通。红色旅游与乡村振兴的理念是促进全体人民的共同富裕。③ 开发红色文化，可以进一步推进红色旅游，发展乡村休闲旅游，还可以挖掘特色产业，带动农产品销售，增加人民收入。大力发展乡村振兴是进一步缩小城乡发展差距、东西部发展差距的重要战略决策，也是促进乡村发展，解决"三农"问题，从而增加村民收入，提升村民内心的满足感、幸福感的途径。二者都是从人民的利益出发，具有内在一致性。红色文化是中国共产党为人民、国家不断奋斗的历史见证，乡村振兴是中国共产党带领人民克服重重困难，最终走向农业强国、社会主义文化强国，实现中国式现代化必须实现的发展目标。

（3）红色文化与乡村振兴之间相辅相成。红色文化的潜在价值为乡村振兴提供了发展的机会，为乡村经济的发展提供了机会。我们要合理运用红色文化资源，将其中的精神文化、物质文化转化成促进乡村发展的有利

---

① 王金晓，笪玲. 贵州长征国家文化公园助力乡村振兴研究［J］. 四川旅游学院学报，2022（4）：54 - 58.

② 赵梦阳. 有力有效推进乡村全面振兴［N］. 人民日报，2024 - 03 - 10（010）.

③ 王金晓，笪玲. 贵州长征国家文化公园助力乡村振兴研究［J］. 四川旅游学院学报，2022（4）：54 - 58.

资源。红色文化中的物质文化可以被有效利用，用来发展红色文化旅游、文化产品等；精神文化可以用于推动乡风文明建设，增强村民的文化自信、民族自信，在红色文化的加持之下，可以发展乡村特色产业，进一步推进乡村振兴的进程。在乡村振兴的同时，可以为红色文化提供政策保障、经济支持，如大力支持建设红色文化研习馆、建设红色文化传承基地等，进一步保护、传承红色文化。红色文化与乡村振兴二者紧密联系、相辅相成，相互影响。没有正确利用红色文化资源，乡村振兴将会失去重要的助推力；不注重乡村的发展，未将乡村振兴作为重要实现目标，那么红色文化资源也难以被更多人认知，导致缺乏良好的环境来传承优秀的传统文化，甚至面临传承困境。乡村振兴不仅保护、发展红色文化，还为红色文化的传承创造更好的环境，为红色文化发展提供政策支持、宣传引导。因此，在乡村振兴中，我们不能忽略红色文化，也不能盲目挖掘红色文化，要因地制宜，制订合适的发展计划挖掘乡村红色文化，为乡村发展增添动力。

二、英家村的红色文化资源

英家村位于广西壮族自治区贺州市钟山县清塘镇的西南部，处于"粤桂画廊"旅游线路上，地理位置优越。英家村属亚热带季风气候，三面靠山，一面临水，气候温和，四季分明，地处山区，土壤肥沃，水源充足，种植的大头菜口感脆爽，受到消费者的喜爱。英家村历史悠久，文化遗址、遗迹丰富，曾以其繁华的古商埠和厚重的红色历史文化名扬八桂大地，是英家村人引以为傲的美丽古镇和英雄革命老区。

英家村有丰富的红色文化资源。1997年，英家村被确定为抗战时期的革命老区和解放战争时期的游击根据地，冠有"八桂红色故里，广西革命摇篮"之称。英家村有国家4A级景区——中共广西省工委纪念园景区、英家粤东会馆、英家起义旧址革命教育景点、中共广西省工委历史博物馆和广西十大党性教育基地——英家党性教育中心等。1942年国民党在桂林制造了"七九"事件，钱兴书记将中共广西省工委秘密地从桂林转移到钟山县英家村，在英家村村民的支持与掩护下，共产党不畏艰险，克服重重困难，并迅速壮大革命队伍。这种不屈不挠的精神值得我们不断学习。如今，中共广西省工委纪念园景区成为英家村重要的红色教育景点，具有重要的红色教育意义。英家起义旧址是广西壮族自治区重点文物保护单位（图1）。1947年6月5日，根据广西省工委横县会议"一切为着准备武装起义而斗争"的精神和省工委的部署，中共英家党组织在桂东特派员、英家特支书记吴赞之同志的领导和指挥下，在贺州市钟山县英家村组织并发动了震惊广西的英家起义，袭取国民党英家乡公所，成功夺取英家粮仓（英家粤东会馆），随后开仓济贫，将3 000多担粮食分给民众。

图1 英家起义旧址（李小妹摄于2023年7月27日）

英家起义为后续革命的胜利奠定了重要的基础，造就了"红色古镇英家"，赋予了英家大头菜一段血火凝霜的红色传奇。[①] 如今，英家村在这段历史基础之上策划并多次演出大型情景剧《英家起义》，讲好英家村红色传奇故事，弘扬革命先辈爱国、为国拼搏奋斗的红色文化精神。抗战期间中国共产党在艰苦的环境下，靠着喝稀粥、吃大头菜坚持与敌人斗争，为了搜集情报，挑担走街串巷卖大头菜，并传递重要革命情报。英家大头菜对英家人民来说深蕴着那段艰苦日子中先辈们坚定不移、勇往直前的精神。现如今英家大头菜被列为"国家地理标志保护产品"，成为国家地理标志证明商标，伴随着大头菜身后那段热血的红色文化故事，英家大头菜

---

① 中共贺州市委员会党史研究室. 中国共产党贺州历史百年大事记（1921—2021）［M］. 南宁：广西人民出版社，2021：31.

被更多人熟知，市场也在不断扩大，远销广东、湖南等地。英家村通过有效的挖掘、利用，发挥红色文化的实践价值，推动英家村旅游、农产品等产业发展，将文化资源转化成乡村振兴的动能，不断推进乡村振兴的进程。

三、红色文化助推乡村振兴的实践价值

习近平总书记指出，全面推进乡村振兴是新时代建设农业强国的重要任务，人力投入、物力配置、财力保障都要转移到乡村振兴上来。① 红色文化资源能为乡村振兴提供物质和精神力量，充分利用乡村红色文化物质资源，可以激活乡村相关产业，为乡村产业发展注入新鲜血液，构建生态宜居的美丽乡村。红色文化资源中的精神文化进一步培养政治建设人才，推动乡村文明建设。将红色文化资源转化为经济生产力和精神文化动力，对于推动乡村产业、人才、文化、生态、组织"五个"振兴有重要价值。

（一）红色文化推动文旅产业融合，促进乡村经济发展

产业兴旺，是解决农村一切问题的前提。② 产业振兴是乡村发展中最关键、最基础的一环，也是人民美好生活的基本保障，乡村振兴的实现离不开产业振兴。红色文化与旅游相互结合为乡村振兴提供了更好的发展机会。在乡村原有的红色文化资源的基础之上，对其加以改造、利用、宣传，发展红色旅游文化，实现乡村经济与文化融合发展；基于革命先烈、红色文物、红色历史遗址遗迹等，建设历史文化旅游景区，融合乡村特色，促进文化与旅游产业的深度融合，可以大力发展红色文化旅游。将红色文化历史遗迹、遗址等与旅游业相结合，打造红色文化旅游风景线，促进乡村红色文化旅游产业的发展，有利于乡村振兴的实现。英家村有英家起义遗址、英家村中共广西省工委历史博物馆等历史文化资源，可挖掘的红色文化资源潜力较大。当地政府应加大对红色文化历史、故事的宣传，吸引更多的游客到此参观、旅游，从而增加当地人的收入，促进英家村经济发展。

---

① 习近平. 加快建设农业强国　推进农业农村现代化［J］. 新长征，2023（7）：4－11.
② 朱隽，贺林平，常钦，等. 推进中国式现代化，必须全面推进乡村振兴［N］. 人民日报，2023－04－16（003）.

　　红色文化还可与其他产业进行深度融合，利用红色文化中的精神、文化底蕴，结合乡村特色产品，发展相关产业，增加产品附加值。英家村的英家大头菜身上有一段抗战时期中国共产党的红色传奇历史，英家村将大头菜背后的红色故事作为产品宣传中心点，以此打造红色文化农产品。英家大头菜产业示范区（图2），成功研发开袋即食、开瓶即食的英家大头菜产品，有效提升产业规模、品质、品牌影响力和产品附加值。目前，英家大头菜产业示范区中，大头菜种植面积高达 5 100 多亩，其不断提高着村民的收入，成为钟山县产业振兴示范样板。英家村积极推动英家大头菜产业化的发展，以此推动乡村振兴，更推动英家大头菜产业与文化、旅游相结合，立足非物质文化资源，推动英家大头菜的产业化发展。产业的迅速发展壮大、红色文化旅游的发展，有利于提高人民收入，促进乡村振兴。

图2　课题组参观英家大头菜产业示范区（李小妹摄于 2023 年 7 月 28 日）

（二）利用红色文化影响力，打造政治建设人才队伍

乡村振兴的关键是人。① 只有不断地培养优秀的政治建设人才队伍，乡村才能持续发展，最终才能实现乡村振兴。乡村振兴的进行与发展需要人才的推动，而人才的培养与红色文化的培养紧密相连。红色文化是中国共产党带领中华民族历经艰苦抗战，誓死保卫国家，不怕苦不怕累，在为民族、国家而不断努力奋斗的伟大历程中凝结的宝贵财富，在各地区扎根，与各地独特的文化融合而成。因此，红色文化资源中的精神文化可以塑造人生价值观，培育爱国主义精神。在乡村振兴的历史重任面前，深入挖掘红色文化的育人价值，传承红色基因，弘扬红色精神，培育又红又专的时代新人，对于推进乡村振兴的伟大事业具有十分重要的意义。

当前国家的发展需要新一代青年坚定理想信念，为建设社会主义美好未来付诸努力。红色文化是培养新一代青年敢于拼搏、敢于奋斗、不怕苦不怕累等优良品质的重要资源，通过参观、了解红色文化，进行政治教育、政治学习，可以塑造新时代青年正确的政治导向，培养他们不怕苦不怕难的坚定信念。英家村多次策划并演出红色文化情景剧《英家起义》，弘扬优秀的红色文化，情景剧演出的方式更能渲染氛围，塑造英家村新一代青年的人生观和价值观，推动新一代青年坚定理想信念，培养他们吃苦耐劳的精神，从而为乡村振兴源源不断地培养人才。乡村振兴需要源源不断的力量激发活力，新时代的青年是乡村振兴中重要的优秀人才，利用红色文化弘扬中华民族优秀文化，可以培育新时代青年正确的价值观，让他们树立一切为了人民的初心。政府应鼓励更多的青年人才投身乡村建设，为国家大局不断奋斗。只有更多的青年积极投身乡村，为乡村发展提供力量，乡村才有希望，乡村才有未来，乡村振兴才能实现。

（三）利用红色文化弘扬爱国主义精神、革命精神，推动乡风文明建设

红色文化具有深厚的文化内涵，饱含中国共产党的政治智慧、民族团结意识、爱国主义精神，具有强烈的凝聚力与创造力。充分发挥红色文化的作用，有利于激励人民群众向先辈学习不怕苦不怕累、为美好生活而不断奋斗的精神，学习先辈爱国爱民、勤俭节约的优良品质，正确引导村民

---

① 李雨初. 把人力资本开发放在首要位置，为乡村振兴提供坚实人才支撑［N］. 人民日报，2023－02－15（009）.

的价值导向，增强村民的文化自信，推动人民群众为了美好的未来、实现乡村振兴而不断努力奋斗。首先，政府可以利用乡村文化宣传栏和大众传媒等加大传播红色文化故事和先辈奋斗精神的力度，引导村民以先辈为榜样，为美好生活而不断奋斗。其次，从乡村文化活动入手，将红色文化故事融入当地人民群众喜爱的文化活动之中，例如戏剧、歌舞等。英家村深入打造一条红色商业街，打造一台红色戏剧——《英家起义》。红色文化"一台戏"主要由英家革命老区艺术团承接，该剧核心节目含《英家起义》情景剧、《唱英家》舞蹈、《英家大头菜》小品、《英家村规民约》快板及各种现代舞、民族舞等。打造红色一台戏，为村民带来喜闻乐见的文化活动，丰富了乡村生活，打造了有活力、吸引人的美好乡村文化氛围，同时宣传了党的方针政策。英家村将英家起义的红色历史故事与舞蹈结合编成英家村起义情景剧，每逢佳节便在英家村舞台进行公益性表演，获得了村民的热烈反响。英家村艺术团通过开展乡村文化活动，以大众喜闻乐见的方式演绎革命先烈的奋斗故事，让村民身临其境，这不仅丰富了乡村人民群众的日常生活，而且让红色文化在乡土大地再次发扬光大，弘扬了红色文化精神，增强了乡村村民的凝聚力，有利于建设乡村文化，推动乡风文明建设。

（四）依托红色文化建设，构建乡村生态宜居环境，建设和谐美好的乡村

要扎实推动乡村宜居宜业和美乡村建设，持续开展村庄清洁行动等。①良好的生态环境是乡村可持续发展的基础，乡村振兴中重要的一环便是生态文明的建设，因此建设美丽、生态宜居的乡村是至关重要的。

红色文化资源的开发、利用、保护与构建生态宜居乡村相辅相成。在开发红色文化、发展乡村旅游的过程中，红色革命老区的建设，是基于乡村布局与环境展开的，依托红色文化建设，可以更好地构建乡村居住格局，构建生态宜居乡村。

首先，在红色文化遗迹、遗址的基础之上发展文化旅游业时，在保留村庄特色红色文化景观的前提下，发展有历史记忆、民族特色的革命文化

---

① 中共中央 国务院关于做好 2023 年全面推进乡村振兴重点工作的意见 [EB/OL]. (2023 - 02 - 13). https://www.12371.cn/2023/02/13/ARTI1676294730755881.shtml.

旅游区。依托于红色文化建设旅游文化景区，将红色文化旅游景区与乡村环境、生态文明相结合，构建乡村生态宜居环境，注重乡村环境卫生，培养村民干净整洁、爱护家园的观念。为了保持乡村环境的整洁、打造环境优良的旅游景区，每逢节日或村里有活动，英家老年人协会的成员便自觉去打扫卫生，并带动英家村村民树立爱干净、爱护环境的观念，村民们也积极共同构建美好家园。英家老年人协会还引导其他村民践行绿色开放共享发展的环境理念，自觉爱护环境，促进乡村可持续发展，营造绿色环保的乡村氛围。其次，红色文化旅游景区的建设会带动乡村交通、公厕、垃圾处理等基础设施的建设，整治乡村水污染、土地污染、空气污染等乡村环境污染问题，改善了乡村居住环境，提高了村民的居住适宜度。推动乡村基础设施建设，加强粤东会馆遗址（图3）保护还吸引了城市游客，擦亮生态宜居的红色文化景区招牌，从而促进红色文化旅游发展，以此更好地建设生态宜居乡村。

图3　英家村的粤东会馆遗迹（黄雁玲摄于 2023 年 7 月 26 日）

（五）利用红色文化促进乡村组织振兴，推动政治组织建设

全面改进和加强乡村治理必须以党的建设为引领，发挥战斗堡垒在乡村振兴中的主导性作用。[①] 乡村建设队伍在乡村振兴、乡村建设中发挥着

---

① 罗海婷. 红色文化融入乡村振兴战略实践路径 [J]. 经济研究导刊, 2022 (21): 30 - 32.

重要作用，是乡村振兴的重要力量。红色文化影响基层党组织成员价值观，不断激发其为乡村脱贫、振兴乡村而努力的决心，将红色文化融入基层党组织的文化建设中，以红色文化中先辈艰苦奋斗的精神引领基层党组织，增强基层党组织的战斗力，提高党员思想觉悟，培养乡村干部甘于奉献、为乡村发展尽心尽力的精神，有利于提高基层党组织乡村治理、为人民服务的能力，加强乡村治理，营造安全、和谐的乡村生活环境。英家村有英家起义遗址、中共广西省工委历史博物馆，浓厚的红色文化历史氛围不断激励着英家村村干部以先辈为榜样，全心全意为人民服务，为实现乡村振兴扎根乡村，不断努力奋斗，推动政治组织建设。英家村村委利用红色文化传承，成功构建了红色旅游乡村治理体系。举办"红色古镇英家文化旅游观光节""英家'六五'起义""英家革命老区红色文化活动暨长寿美食节"等活动，为开发古街道起宣传作用。2020年3月，中共贺州市委党校英家党性教育基地揭牌并投入使用，此举大力推动了村民自治和英家村治理体系建设。红色文化有思想教育功能，宣传红色文化，弘扬先辈不屈不挠、为国捐躯的精神，利用红色文化熏陶乡村干部，进行组织建设，有利于激励乡村干部为乡村振兴尽心尽力、积极履职尽责，提高英家村村干部的乡村治理能力，使其更好地推动乡村振兴。

四、结语

深度挖掘红色文化中的价值，可以促进乡村产业、文化的发展，发挥红色文化教育功能，培养乡村政治建设人才，促进组织振兴、人才振兴，进一步促进生态宜居美丽乡村的建设，从而推动乡村振兴事业的进步。实施乡村振兴战略，是我国于当前全面建设社会主义现代化国家时期的重要任务。经过党和人民的努力，目前乡村振兴战略的实施也取得了一定的成果。钟山县英家村在党的带领下整合红色文化资源，使旅游文化产业得到了进一步发展，如利用红色文化发展英家大头菜产业，扩大知名度，增加产品附加值，使英家村人民的收入不断提高，英家村的乡村振兴事业不断取得成效。但是近几年英家村旅游景点设施不全面，红色文化资源没有得到更好的利用，红色文化旅游成效甚微。因此，要加大英家村的红色文化旅游宣传力度，增加乡村娱乐活动，激发英家村红色文化内在潜能，助力乡村振兴。

改革开放前后东北地区农村妇女
家庭地位变迁研究

——以前郭县 C 村为例 *

王 雪**

一、绪论

（一）问题的提出

1. 理论背景

对女性家庭地位的研究，国内外学者采用了多学科多视角的方式进行，目前主要被归纳为马克思主义女性视角、父权制理论、资源理论、经济决定论。马克思主义女性视角认为自母系社会宣告结束，女性的家庭地位便开始表现为从属男性，因此提高妇女的家庭地位需要让妇女走出家庭，走向社会生产。我国传统文化把女性扮演的角色定义为"三从四德"，男权统治下的社会要求女性服从于男性。资源理论认为女性被束缚在家能够获得的社会资源少于男性，由此造成其在家庭中处于依附性地位。经济决定论侧重从经济来源方面判断女性的家庭地位，家庭中经济来源主要依靠男性还是女性这一点决定了两性地位的高低。自 2011 年第三期中国妇女社会地位调查完成以来，我国学者围绕妇女的婚姻家庭问题等展开了热烈的讨论。

2. 现实背景

改革开放 40 多年来，我国经历了剧烈转型和变迁，社会发生了巨变。在全球化、经济体制改革以及人口结构变迁的背景下，中国社会的私人生

---

* 本文中的"改革开放前"指 1949 年中华人民共和国成立到 1978 年党的十一届三中全会召开之前这一时期，"改革开放后"指 1978 年党的十一届三中全会召开至今的 40 多年时间。

** 王雪，广西民族大学 2015 级社会学专业硕士研究生，现为广西电力职业技术学院讲师，主要研究方向为家庭社会学。

活形态领域以及包括人们价值观念在内的社会意识形态都在发生潜移默化而又丰富多元的变化，这些改变成为当今各界学者争相讨论的议题。传统社会家庭中女性处于受压迫的地位，新中国成立后妇女得到解放，改革开放再次掀起倡导女性与男性平等的热潮，改革开放过程中政治、经济、文化等方面的变化对女性的家庭地位产生了一定的影响，尤其是当下农村妇女家庭地位的变化更加具有代表性。当前我国农村妇女家庭地位发生了怎样的变迁，导致变迁的原因是什么，以及农村男女之间是否实现了真正的平等，这一系列问题都成为笔者进行研究的着力点。与此同时，对改革开放以来农村妇女家庭地位的沿革与变化进行盘点，也将为家庭社会学学科走出腹地，使家庭研究能够面向更多真切问题提供重要契机。

（二）文献综述

1. 关于妇女家庭地位的研究

西方马克思主义女性主义是当代西方女性主义的一大流派，用历史唯物主义观点解释妇女的从属地位及其所受的压迫，与资源理论中妇女家庭地位依附男性有相通之处。资源理论与经济决定论都是从女性获取资源的角度阐释男女家庭地位。因此，为避免在文献综述部分赘述，本文关于妇女家庭地位研究的理论视角主要从父权制理论和资源理论出发。

（1）父权制理论。

进行女性主义研究的学者一般用男权制来解释家庭中的权力现象，强调在对性别阶层化的考量中必须加入社会性和文化性的因素。[①] 恩格斯指出，男人挣钱养家赋予了男人在家庭中的主导地位，在家庭中男人是统治阶级，妻子是无产阶级，妇女千百年来地位低下的原因需要从经济和财产关系中找寻，[②] 家庭中男性的权力比女性大，家庭地位就比女性高。男人在家庭中控制着权力和资源，女人没有权力并依附于男人。因此，女权主义者认为，社会中普遍存在的父权制规范是影响家庭权力分配的根本原

---

① 冯翠芳. 性别社会视角下农村已婚女性家庭地位研究：以山东省济宁市 Z 村为例 [D]. 大连：东北财经大学，2013.

② 陈锋. 依附性支配：农村妇女家庭地位变迁的一种解释框架：基于辽东地区幸福村的实地调查 [J]. 西北人口，2011，32（1）：83-87，94.

因。① "妇女在劳动力市场的从属地位加剧了她们在家庭内部的从属性，而家庭内部的从属性又反过来加剧了她们在劳动力市场的从属地位。"② 有学者从父权制与资本主义之间的关系这一角度理解女性家庭地位，认为父权制与资本主义之间存在内在联系，强调妇女在家庭中处于受支配地位的主要原因是妇女受制于普遍存在的父权制规范。传统的性别分工导致了男主女从的性别意识，家庭中的各种决策权掌握在男性手中，因此即使妇女能够拥有自己的经济资源也没有办法完全自由支配。与此同时，传统的性别分工也赋予了男女就业的不同意义，男性获得经济收入被看作是服务家庭，能够转化为经济资源，并将自己的经济资源转化为权力资源。而社会对女性经济收入赋予的意义与对男性经济收入赋予的意义并不对等，这导致女性的经济资源不能转化为权力资源，女性因而在家庭中处于从属地位。③ 因此在父权制下，男女关系难以呈现出一个平等的状态。④

（2）资源理论。

在一个既定的性别不平等的社会制度下，男性能够从家庭外获得更多的资源，而女性只能通过家庭内部或者姻亲人际网络来获取社会资源，这会导致女性在获取社会资源方面要依靠男性，因此女性在家庭中的地位会低于男性。⑤ 该理论强调女性在家庭中地位低下源于掌握包括物质资源和非物质资源在内的资源的欠缺，因此妇女掌握资源的程度决定了她在家庭当中的地位。⑥ 针对上述资源理论，有研究者指出，伴随妇女越来越多地参与到经济生活，特别是在劳动力市场中获得一席之地后，妇女的家庭地位在悄然上升。

关于妇女家庭地位的研究内容，学者们主要从妇女家庭地位的概念、家庭地位测量和影响妇女家庭地位的因素三个方面展开研究。

首先是关于妇女家庭地位的概念。爱普斯坦对女性家庭地位的界定强

① 郑丹丹，杨善华. 夫妻关系"定势"与权力策略 [J]. 社会学研究，2003（4）：96 - 105.

② 秦美珠. 女性主义的马克思主义 [M]. 重庆：重庆出版社，2008：5.

③ 张玉凤. 农村90后妇女家庭地位研究：以内蒙古 T 市 Q 镇为例 [D]. 长春：吉林大学，2015.

④ 佟新. 劳动力市场、性别和社会分层 [J]. 妇女研究论丛，2010（5）：12 - 19.

⑤ 佟新. 社会性别研究导论：两性不平等的社会机制分析 [M]. 北京：北京大学出版社，2005：7 - 13.

⑥ 杨善华，沈崇麟. 城乡家庭：市场经济与非农化背景下的变迁 [M]. 杭州：浙江人民出版社，2000：124 - 126.

调女性自身的威望，指女性由于其自身的美德而受到的尊重，这种尊重并不是由其家庭在社会中的地位所决定的。戴森和摩尔衡量女性家庭地位时强调女性的权力，即女性在家庭中摆脱他人控制的自由权。《妇女词典》对妇女地位的定义是"妇女在社会和家庭各方面所处的位置，一般与男子比较"①。我国学者关于妇女家庭地位概念的研究最早见于刘启明，他认为妇女家庭地位指的是女性在家庭中拥有和控制家庭资源的能力，以及其在家庭中的威望和权力，并且将妇女家庭地位划分为两种类型：一种是依附地位，另一种是成就地位。② 我国其他学者对妇女家庭地位也进行了扩展和划分。例如将妇女家庭地位划分为政治地位和经济地位。③ 妇女家庭地位还包括女性对家庭事务的参与和决策能力，对家庭财产与资源的占有和支配能力以及在婚姻家庭中自我发展的自主能力等。④

其次是关于家庭地位测量。资源理论认为，婚姻中个人所拥有的权力是与他或她带进婚姻及其提供给配偶的资源相一致的，权力和权威来源于配偶双方占有资源的比较，权力的对比要看哪方占有较雄厚的资源。⑤1960 年，罗伯特·布拉德（Robert O. Blood）和沃尔夫（Donald M. Wolfe）率先在《丈夫与妻子：动态的婚姻生活》一书中讨论了婚姻关系中的权力分配概念，提出丈夫的职业选择、买车、买房、人寿保险、度假安排、妻子外出工作、生病看医生、每周食品开销等八大夫妻权力项目由谁决定的问题。⑥ 我国测量妇女家庭地位的指标存在一元指标和多元指标的分歧。一元指标的研究主要以夫妻权力作为指标。例如从家庭事务决策和个人事务决策两个客观方面及主观评价方面对中国城市的夫妻权力格局进行探讨，分析其影响因素。⑦ 也有学者将家庭实权划为测量夫妻双方在家庭中地位和关系的重要指标。⑧ 其他学者完善并发展了以夫妻权力作为主要指

---

① 《妇女词典》编写组. 妇女词典 [M]. 北京：求实出版社，1990：168.

② 刘启明. 中国妇女家庭地位研究的理论框架及指标建构 [J]. 中国人口科学，1994（6）：1-9.

③ 韦蕙兰，杨琰. 妇女地位评价指标体系研究 [J]. 兰州大学学报（社会科学版），1999（2）：97-103.

④ 单艺彬. 当前妇女婚姻家庭地位评价方法浅析 [J]. 财经问题研究，2001（8）：74-79.

⑤ 蒋永萍. 世纪之交的中国妇女社会地位 [M]. 北京：当代中国出版社，2003：28-30.

⑥ BLOOD R O, WOLFE D M. Husbands and wives: dynamic marital life [M]. New York: The Free Press, 1960.

⑦ 郑丹丹. 中国城市及家庭夫妻权力研究 [M]. 武汉：华中科技大学出版社，2004：55.

⑧ 杨善华，沈崇麟. 改革以来我国大城市居民家庭收入格局的变化 [J]. 中国社会科学，1996（3）：52-66.

标来测量妇女家庭地位的方法，用家庭的经济管理和支配、子女前途发展决策权、生育决策、耐用消费品的购买以及自我意愿决策权等多项指标来衡量妇女的家庭地位，① 将家庭决策的结果作为衡量的指标，② 通过"家庭生活自主权"和"角色平等满意度"衡量妇女的家庭地位。③ 有学者用多元指标来研究女性的家庭地位，通过多个指标对女性家庭地位进行测量。例如针对女性家庭地位的两种评价方法——综合评分法和综合指数法④，将家庭权力细化为多个事务的决策权，延伸出家庭经营性事务测量、家庭重大事务测量和家庭综合事务测量理论。⑤ 根据第二期中国妇女社会地位调查的资料，对中国夫妻权力与女性家庭地位满意度的关系及其影响因素进行分析，得出夫妻实权可作为在整体上测量妇女家庭地位的主要指标。⑥

最后是关于影响妇女家庭地位的因素。资源理论用家庭决策衡量夫妻间权力的大小，通过夫妻间权力大小的划分来测量女性在家庭中的地位。后期学者逐步完善资源理论，提出了规范资源论，强调夫妻权力的平衡除受夫妻所占资源的不同这一因素影响外，同时受文化的不同对夫妻权力的期望和规范的影响。例如对当地文化和亚文化的认同、性别规范、宗教信仰等。换句话说，就是测量资源或脉络时，即认为夫妻权力平衡的测量不仅包括物质层面，也包括非物质层面的指标。⑦ 从家庭层面来讲，男女两性在家庭中掌握的权力大小决定了双方的家庭地位。国家出台的一系列政策法规等，会影响男女实现地位平等。⑧

2. 有关农村妇女家庭地位的研究

从上述理论视角我们可以看出经济因素对女性家庭地位的重要影响。随着妇女参与经济发展和父系父权制家庭制度的逐渐瓦解，妇女在家庭中

① 沙吉才. 当代中国妇女家庭地位研究 [M]. 天津：天津人民出版社，1995：212 – 216.

② 许传新，王平. "学历社会"中的妇女家庭权利研究：以武汉为例试析学历对妇女家庭权利的影响 [J]. 中华女子学院学报，2002（1）：26 – 30.

③ 温蓉. 农村城市化进程中女性家庭地位实证研究：以湖北省的两个行政村为例 [D]. 兰州：西北民族大学，2007.

④ 单艺斌. 女性社会地位评价方法研究 [M]. 北京：九州出版社，2004：196 – 213.

⑤ 徐玮. 农村女性家庭地位与贫困代际缓解：基于家庭性别红利的视角 [D]. 武汉：中南财经政法大学，2018.

⑥ 徐安琪. 夫妻权力模式与女性家庭地位满意度研究 [J]. 浙江学刊，2004（3）：208 – 213.

⑦ 伊庆春，陈玉华. 华人妇女家庭地位：台湾、天津、上海、香港之比较 [M]. 北京：社会科学文献出版社，2006：51.

⑧ 冯东芸. 河北省社会性别意识及妇女地位研究 [D]. 保定：河北大学，2012.

的地位逐渐提高且她们对家庭地位的认识逐渐明晰。尤其是在非农化程度
日益加快的过程中，农村妇女家庭地位发生了变化，妇女非农就业对其家
庭地位的提高具有重要作用，但非农就业对妇女家庭地位的影响在根本上
是由非农就业的主体来决定的。① 如果就业的主体是妇女本身，则她的家
庭地位会在经济收入提高的同时提高；相反，如果妇女的配偶总是比其优
先获得更好的非农就业机会，则会导致妇女经济、家庭地位的进一步下
降。② 考察当代妇女的家庭地位，存在妇女在经济上具有依附性但在家庭
中却有支配权这一悖论。造成上述悖论的原因是目前农村社会事实中的因
素。当下农村的社会事实主要包括婚姻市场的结构性失衡、高额的婚姻成
本、过度依赖家庭养老的社会保障体系。因此，90 后的农村妇女虽然家庭
地位高，但是具有很强的被动性，很大程度上是其家长基于理性对成本的
考量和对下一代生活以及自己老年生活的担忧而综合考虑的结果。所以，
90 后农村妇女对自己的家庭地位要有一个合理的认知和适度定位。③

　　关于农村妇女家庭地位的变迁，陈锋从当前农村妇女家庭地位的现状
出发，对经济上依附男性且在家待业的农村妇女在家庭中却获得支配性的
强势地位的悖论进行分析，提出了"依附性支配"的概念作为当前农村妇
女家庭地位变迁的一种解释框架。④ 有学者着重从纵向层次研究农村妇女
的家庭地位，侧重研究其家庭地位是如何发生变迁的。有学者主要针对纯
女户妇女的家庭地位进行调查，发现在纯女户的家庭中农村妇女在其生命
历程中既是家庭秩序的接受者，也是家庭秩序的挑战者、再造者，纯女户
的家庭妇女在个体与环境的拉锯战中实现了家庭地位的纵向变迁。⑤

　　综上所述，国内外关于妇女地位的研究已经取得了不少成果，诸多学
者从不同的视角和多样化的内容方面对妇女的地位进行了研究。学界对妇
女地位的研究起步较早，而关于妇女家庭地位的研究起步较晚，尤其是国

---

① 杨善华，沈崇麟. 城乡家庭：市场经济与非农化背景下的变迁［M］. 杭州：浙江人民出
版社，2000：117 - 120.
② 孙玉娜. 非农进程中陕西农村妇女家庭地位研究［D］. 咸阳：西北农林科技大学，2008.
③ 张玉凤. 农村 90 后妇女家庭地位研究：以内蒙古 T 市 Q 镇为例［D］. 长春：吉林大学，
2015.
④ 陈锋. 依附性支配：农村妇女家庭地位变迁的一种解释框架：基于辽东地区幸福村的实
地调查［J］. 西北人口，2011，32（1）：83 - 87，94.
⑤ 龚继红，范成杰. 农村妇女的家庭地位是如何逆转的：实践视角下的妇女家庭纵向地位
变迁［J］. 华中科技大学学报（社会科学版），2016，30（3）：102 - 110.

内学者对妇女家庭地位的研究还有很多有待深化的方面。从研究的内容来讲，对妇女的家庭地位的高低还没有一个统一的规范标准，妇女家庭地位的测量指标亦是复杂多样的，对于农村妇女家庭地位变迁方面的研究成果更是不多见。从地域范围来看，我国大部分学者都将对女性家庭地位变迁的研究田野点放在东南、西南地区的农村，对东北地区的农村妇女家庭地位研究较少。

（三）研究意义

1. 理论意义

对当代农村妇女家庭地位的研究丰富了家庭社会学、女性学等相关学科的研究成果。以往的学者们关于妇女家庭地位的研究采用了多视角、多方面的方式，研究主要在文化理论、资源理论、交换理论、社会性别阶层化理论四个层面展开。学者们关于妇女家庭地位的研究已经取得了丰硕的研究成果，这也说明学者们对女性家庭地位的研究兴趣颇深。鉴于女性的家庭地位与社会的发展息息相关，笔者试图以当下我国东北地区的农村家庭妇女为调查对象展开关于妇女家庭地位的研究，希望尽最大努力在有限的范围内丰富和深化家庭社会学、女性学等相关学科的内容。本研究主要采用实地调查研究的方法对农村已婚妇女进行访谈，首先对传统农村妇女家庭地位现状进行观察记录，其次对现代农村妇女家庭地位现状进行观察记录，最后对传统农村妇女家庭地位与现代农村妇女家庭地位的变化进行关注，展现出当代中国农村妇女家庭地位的变迁，希望在一定程度上充实影响农村已婚妇女家庭地位因素的内容。由于我国地域辽阔，不同地区的农村具有自身的特色，以往学者在我国南方地区的研究成果已经相当丰富，对北方地区的调查相对较少。东北地区是我国的"老工业区"，社会结构框架稳定且紧密，历史文化积淀久远。相对于我国其他地区，东北地区的农村在社会生产方式、市场经济体制、宗族信仰与文化观念方面都有不同。因此笔者选择以东北地区为田野点进行研究，希望能够发现北方地区的农村妇女家庭地位发生了怎样的变迁。

2. 现实意义

提高女性对自身的关注，认识到自身的优势和不足，促进女性的发展，对实现男女平等具有积极意义。对农村妇女家庭地位的调查研究的结构性访谈，能够在一定程度上引起女性对自身家庭地位以及价值实现程度的思考，引发女性对自身发展的兴趣；也能够使女性认识到自身的优势和不足，摆正自身位置，从而建立良好的社会人际关系，由此获得更广阔的发展空间和提升自己的生活质量，缩小男女差异，实现男女平等。这有利于家庭和谐、社会稳定。关于妇女家庭地位的研究调查成果，能够为政府部门推动女性健康发展提供一些建议和参考依据，有利于为提高女性的家庭地位提供科学的依据。

二、研究设计

（一）概念界定

1. 农村妇女

农村是以从事农业生产劳动为主的劳动者的聚集地，农村是生产力发展到一定水平的产物。农民的含义涉及两个层次：第一层次以作为一种职业的标准来划分农民，是指直接从事农业生产的劳动者；第二层次按照户籍的标准来划分，作为户籍身份在某种意义上来说农民是制度上的农民。按照上述农村农民的概念，笔者将本研究的调查对象——农村妇女界定为：拥有本地农村户口，长期居住在农村，以经营农业生产活动为主，年龄在20周岁以上的已婚女性。

2. 家庭地位

地位指的是个人在不同场合中所处的位置。任何人在社会、政治、经济、文化中都占据多重的身份和地位，每一个地位都与不同的角色交织在一起。

我国最早界定妇女家庭地位概念的学者刘启明认为，妇女家庭地位指女性在家庭中拥有和控制家庭资源的能力，以及在家庭中的威望和权力。女性在家庭中的地位可划分为两大类：一是依附地位，指未经后天选择和努力依附男性而得到的地位；二是成就地位，指女性经过自身的选择和努力而获得的地位。妇女的家庭地位对于其社会地位而言是一个微观层次的概念，其主要特点有以下三点：①妇女的家庭地位是相对其家庭内的其他成员（特别是其丈夫）而言的相对概念；②妇女家庭地位是一个多元的概念，主要包括女性在家庭中的资源占有、威望和权力；③妇女家庭地位的概念同时处于家庭环境和社会环境的双重空间内，其地位的高低与其社会地位有着密切的联系。家庭地位和社会地位是相对独立的，二者没有必然的因果关系，两者的相关程度主要取决于区域文化因素。①

　　在本研究中，笔者将"妇女家庭地位"定义为：相对于其他家庭成员，尤其是相对于其丈夫而言，已婚女性在婚姻家庭中所占有的家庭资源的程度。具体来讲，可分为主观与客观两个方面：客观上是指家庭自主地位、家庭决策地位、家庭支配地位、家庭分工地位；而主观上表现为妇女对其婚姻及其家庭地位的满意度。因此，本研究把"农村妇女家庭地位"定义为：农村妇女在家庭中所处的位置及其在家庭中拥有和控制家庭资源的能力。

（二）研究理论基础

1. 社会变迁理论

　　社会变迁指的是一切社会现象发生变化的过程及其结果，主要包括自然环境变迁、人口变迁、经济变迁、社会结构变迁等。马克思认为"一切历史冲突都根源于生产力和交往形式之间的矛盾"②。生产力决定生产关系，生产关系又会反作用于生产力，当生产关系不能够适应新的生产力发展时，社会就会发生质变。社会学家达伦多夫（Ralf Dahrendorf）③ 和科塞（Lewis Coser）④ 认为社会整体是部分矛盾地连接在一起的，因此在这个整体中呈现出的社会过程是不均衡的状态，社会过程应当是不同的利益集团为争夺有限的权力和优越地位而发生的冲突，没有获得优越地位和权力资源的需要夺取，已经获得一定权力资源和优越社会地位的需要防止被夺取，围绕权力和地位进行的争夺是持续不断的。因此，社会冲突形成了社会生活的基础，社会变迁是一种必然的趋势。社会结构变迁是社会变迁的一个方面，主要包含两个层面：一是社会功能性结构的变化，主要体现在人们为了追求自身的发展，对社会政治、经济、文化、制度等方面所进行的分化和重组；二是社会成员地位结构的变化，主要体现在社会成员由于在社会地位、社会声望、社会权力方面的不同和变化而导致社会阶层和社

　　① 刘启明. 中国妇女家庭地位研究的理论框架及指标建构 [J]. 中国人口科学, 1994（6）：1－9.

　　② 中共中央马克思恩格斯列宁斯大林著作编译局. 德意志意识形态：节选本 [M]. 北京：人民出版社, 2003：83.

　　③ 拉夫尔·达伦多夫. 现代社会冲突 [M]. 林荣远, 译. 北京：中国人民大学出版社, 2016.

　　④ 科塞. 社会冲突的功能 [M]. 孙立平, 等译. 北京：华夏出版社, 1989：40.

会阶级的变化。

农村妇女的家庭地位从微观上代表了其社会地位。在一个家庭中，农村妇女的地位主要通过其掌握权力和控制资源的能力来衡量，主要相对于男性而言。依据前人研究成果，可将农村妇女家庭地位量化为家庭自主地位、家庭决策地位、家庭支配地位、家庭分工地位，结合社会变迁理论，在家庭中权力资源有限的情况下，农村妇女会在家庭中与男性（主要是丈夫）进行权力资源的争夺。在争夺有限权力资源的过程中，家庭地位的变迁成为一种必然趋势。因此，笔者通过调查改革开放前后东北地区农村妇女家庭地位的状况来研究东北地区农村妇女家庭地位的变迁。

2. 社会性别理论

性别角色的概念来源于社会学中的社会角色理论，性别角色指的是社会针对具有不同生物性别的人所制定的，足以确定其身份与地位一致的一整套权利、义务的规范与行为表现的模式。在 20 世纪 70 年代之前，社会学界一般认为性别角色是一种"先赋角色"。具体来说：性别是先天的、生物的、第一性的，个体即使努力也很难改变它。因此，当时的理论倾向是强调性别的生物属性，强调个体对于性别角色的遵从。从那些脱离者或者违反性别角色的行为来看，这些行为往往被视为性别角色的"混淆"或者是"倒错"。后来伴随发达国家妇女运动的飞速发展，尤其是在女权主义思潮的推动下，既有的社会性别概念基本被否定，取而代之的是"社会性别"的概念体系，该体系目前仍在不断前进和发展。国内女权主义者将"社会性别"从英语的语法概念上借用过来，专指作为社会与文化的构成，它通过社会化而被习得，与两种生物性别相关，是对于一整套规范的期望以及落实了的行为。英文"feminism"在 20 世纪 80 年代传入中国之初，一般被翻译为"女权主义"，到 90 年代以后国内更多的学者将其翻译为"女性主义"。女权主义在 19 世纪 80 年代首次出现在英文当中，主要是指支持男女平等的思想或者主张。社会性别理论的支持者认为性别之间的关系是不平等的，是一方压制另一方、一方服从另一方的。他们认为这是一个涉及政治权利的问题，而不是一个自然事实，由此而兴起以男女平等为目的的各种形式的思想。例如，中国历史上典型的"男尊女卑"的特征，突出了进入农业社会以来，大多数的人类社会中都是以"男权为中心"的，也有上述提到的"父权制理论"。这样就形成了以"父权"为核心的社会体系，对于男性和女性都有一套固定的文化模式、行为规范、评价体系。改革开放加速了我国社会转型，许多与社会性别相关的观念、习俗、人际权力关系等都发生了巨大变化，朝着性别平等的方向发展。

（三）研究框架

本研究在女性家庭地位研究、资源理论、父权制理论、社会变迁理论的研究基础上，通过文献法以及实地访谈等调查方法进行研究，对改革开放前后农村妇女家庭地位变迁进行分析。从社会变迁理论的视角出发，对改革开放前后的农村妇女家庭地位状况进行调查、对比。研究的详细步骤如下：首先侧重对改革开放前后农村妇女家庭地位的变迁进行研究，主要从自主地位、决策地位、支配地位、分工地位，对不同年龄段的农村妇女家庭地位进行测量。自主地位主要包括婚姻自主状况、生育自主状况、发展自主状况；决策地位主要包括重大事项决策权、日常事务决策权、公共事务决策权；支配地位主要包括财产管理支配权；分工地位主要包括家庭家务劳动分工地位和家庭生产劳动分工地位。在上述调查基础上，运用社会变迁理论和社会性别理论分析我国改革开放前后农村妇女家庭地位发生的变化，并结合相关讨论提出问题和建议。具体如图 1 所示：

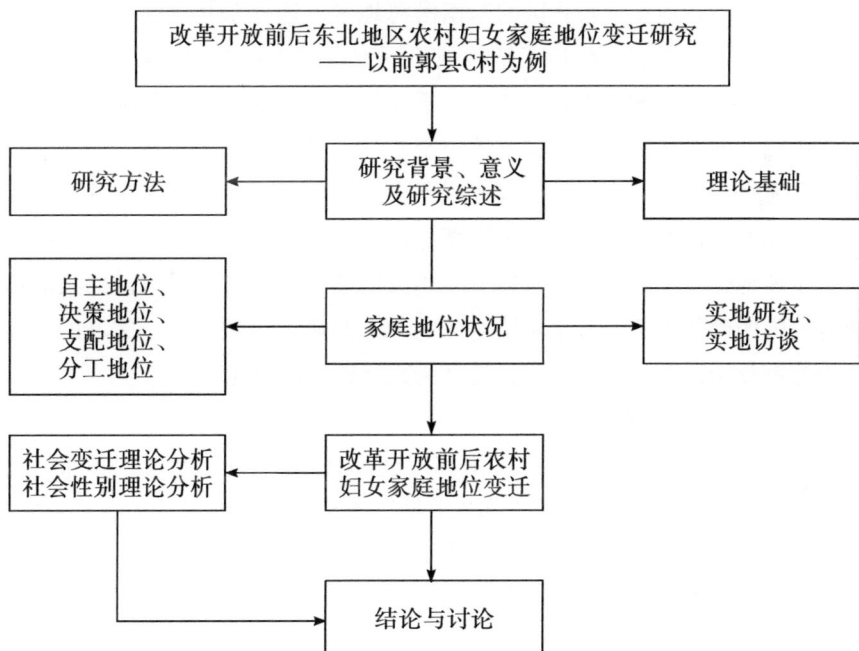

图 1　研究框架

三、研究方法

（一）文献研究

笔者通过中国知网、万方数据库等网站对与研究课题相关的电子书籍、硕博士论文、学术期刊等资料进行下载整理，在本校图书馆查阅资料，借阅当地的地方年鉴。首先，对选定的研究课题进行大致梳理，了解关于女性家庭地位方面的基础理论以及研究成果；其次，通过阅读国内外学者发表的论文捕捉该领域的前沿讯息以及最新的研究成果，并且通过CNKI – Study 软件完成文献综述；最后，笔者也借阅了地方年鉴，对田野点进行全方位的了解，为本研究的后续研究做了充分的铺垫。

（二）实地研究

1. 调查地点

（1）实地调查地点选择。

笔者对农村妇女家庭地位相关研究成果进行文献梳理，了解到我国大部分学者将调查地点选在我国的东南沿海地区，选择东北地区作为调查地点的较少。为了更加全面地了解我国不同地区的农村妇女家庭地位状况，笔者要另辟蹊径。调查内容方面，关于农村妇女家庭地位的研究侧重于描述性研究，即对于农村妇女家庭地位现状的研究成果较为丰富，但对于农村妇女家庭地位纵向变迁的研究成果不多。因此，笔者选择对东北地区农村妇女家庭地位变迁进行研究，以期能够丰富当前的研究成果。笔者的家乡位于该地，对于获取研究资料有相当大的便利，笔者对该村落的发展历史有清晰明确的了解，关于访谈对象的甄选和确定更加准确，父辈的社会资源能够让访谈对象吐露心声，提高研究资料的可信度。

（2）调查地概况。

前郭尔罗斯蒙古族自治县（简称"前郭县"）隶属吉林省松原市，是松原市唯一的蒙古族自治县。"郭尔罗斯"源于蒙古族古部落"豁罗剌斯"的译音，意思是"江河"。前郭县位于吉林省西北部，松嫩平原南部。前郭县县城与松原市共处一市，是松原市的政治、经济、文化中心。

C 村位于前郭县境内中部前郭镇，距离前郭镇 17.5 千米，C 村东西最长 12 千米，南北最宽 7 千米，总面积约 6 000 平方千米，耕地面积约 2 000

平方千米。该村的前身是一个新生农场，隶属于吉林省劳改局。1950 年中国开始大规模开发北大荒，在此建设农场，建场初期的职工主要来自本省其他县市的农垦农场、军队、知识青年等，人口数量和人口结构都有其自身的特殊性。与当地村干部访谈得知，C 村总人口 2 000 人左右，以汉族为主；少数民族有蒙古族、满族、朝鲜族等，占总人口的 11% 左右；男女比例 4∶6，中老年占总人口的 60% 以上。由于当地的自然环境优越，地处广袤平原，当地人主要的谋生手段为种植水稻，辅之以少量的养殖业和林果业，人们较少外出打工。农村妇女们的受教育程度以及家庭分工差异，使得妇女们的家庭地位也不尽相同，大多数妇女在家庭中的活动都以丈夫为中心，照顾老人，养育孩子，承担家务，参与体力劳动。少数受教育程度相对较高的女性，参与体力劳动较少，参与脑力劳动较多，例如当乡村小学、初中的教师，农场机关会计、出纳等。C 村共有 11 个分场。本研究主要对村委会所在地的分场进行实地调查。由于该分场经济发展水平适中，人文资源丰富，对该分场农村妇女家庭地位的调查结果较能代表该村妇女的家庭地位状况。

2. 观察法

对农村妇女家庭地位的研究主要涉及个人的家庭生活，因此笔者在调查地点通过非参与式观察法对当地农村妇女的家庭生活进行观察。东北地区农村处于广袤平原，人口居住呈现出大杂居、小聚居的特点，农村地域范围固定、公共生活有限，人们之间的关系同质性较强，邻居之间关系紧密，人们喜欢走家串户，为笔者对各家农村妇女的家庭生活进行了解提供了便利。因此，笔者能够在得到当地受访者的同意后观察各家农村妇女的家庭生活状况。

笔者在田野调查时会选择合适的时间参与受访者家庭的户外饭后闲谈，仔细观察家庭中妻子和丈夫的对话，以及各家庭家务劳动的分工情况。在观察过程中，笔者也会适当插话和询问，疏通观察时产生的疑问。对妇女日常家庭生活行为的观察，能够让笔者对该家庭的整体和谐度有所了解，对妇女在家庭中权力和资源的掌控程度有一定的判断。

3. 访谈法

笔者在收集资料方面通过结构性访谈与受访者对话，首先根据文献综述的内容拟定访谈提纲。其次通过父母的社会人脉确定 30 名访谈对象，其中包括 29 名已婚农村妇女、1 名已婚农村妇女的丈夫。年龄结构分布情况为：20～29 岁的有 2 人，30～39 岁的有 6 人，40～49 有 5 人，50～59 岁的有 6 人，60 岁以上的有 11 人。访谈内容包括农村妇女的家庭自主地位、家庭决策地位、家庭支配地位、家庭分工地位等方面的问题。家庭自主地位主要体现在农村妇女在婚姻缔结过程中择偶的方式、婚后生育子女方面的意愿，以及对自身空余时间的安排规划。家庭决策地位主要体现在农村妇女在家庭中掌握日常事项和重大事项以及公共事项的决策程度。家庭支配地位主要体现在家庭财产的支配方面。家庭分工地位主要体现在男女在家务劳动和生产劳动方面的承担情况。最后，根据访谈提纲（见附录一）对受访者开展访谈，并且在征得受访者同意的前提下进行录音，按照访谈时间的先后顺序对 30 名访谈对象依次进行编号，男性用 F 标记，女性用 W 标记（见附录二），后期根据录音整理出文字资料。此外，笔者还对当地的政府部门工作人员进行了访谈，主要了解在改革开放以及社会转型的背景下政府针对当地农村妇女所提出的一些政策，并对当地村落的历史发展进行了脉络性的梳理，以期能够通过访谈获得与本研究课题相关的真实可信的访谈资料，提高资料的信度和效度。

四、农村妇女家庭地位变迁

家庭为最基础的社会关系提供了一定的场所，是社会关系的缩影。妇女的家庭地位一般来说，是相对于家中的男性而言，女性在掌握权力、控制资源和具有威望程度方面的能力。笔者依据前人对妇女家庭地位的研究成果，将四个指标（家庭自主地位、家庭决策地位、家庭支配地位、家庭分工地位）细化为：婚姻自主状况、生育自主状况、个人发展自主状况；日常事项决策权、家庭重大事项决策权、公共事务决策权；家庭财产支配权；家庭劳动分工状况。

（一）农村妇女家庭自主地位变迁

农村妇女家庭自主地位是指农村妇女在家庭中最终按照自我意愿行事的能力。本研究对农村妇女家庭自主地位的考量通过婚姻自主状况、生育自主状况、个人发展自主状况三方面进行。

1. 婚姻自主状况变迁

婚姻自主状况主要体现在女性在婚姻方面掌握个人行为的能力和权利

的状况。对婚姻自主状况的考察指标侧重婚前女性的择偶方式。婚前的择偶方式决定女性会找到一个怎样的伴侣,进而影响婚后女性在家庭中的地位,因此有必要将婚前的择偶方式划为婚姻自主状况中考察妇女家庭自主地位的指标。

(1) 改革开放前父母在子女的婚姻大事上具有较多的话语权。

1950 年,《中华人民共和国婚姻法》颁布,明确男女婚姻自由,实行一夫一妻制,在法律层面强化了婚姻的合法性。我国已经在法律层面对婚姻自由实行了明确的规定,但受传统思想观念的影响,父母在子女的婚事上仍具有一定的话语权,子女出于"不好意思"的心态也愿意让父母来为自己的婚姻大事把关。因此,在改革开放之前,大多数子女都是通过父母托媒人介绍配偶的方式走进婚姻的。有一些妇女可能会有自己的想法,但大多数妇女都愿意相信父母的眼光,通过这种"盲选"的择偶方式组成一个新的小家庭。

问:"那您跟您的爱人是怎么认识的呢?能说一下您跟爱人从认识到结婚的过程吗?"

W27:"就是媒人介绍的,到结婚的年纪了。我 18 岁就结婚了,那时候家里特别穷,吃不饱饭,早点结婚家里面就省了一个人的口粮啊!他父亲那时候是当兵的,也是山东人,家里头也不富裕,但是至少比我家强啊!媒人就撮合我俩,跟我说人家个头(身高)也有,身体也好,就缺个媳妇,我哥就同意了。我都不知道咋回事儿,结婚前都没见过,就我哥告诉我该结婚了,有个好人家你就去吧!完了就结婚了,稀里糊涂的。结婚不到半年就跟着军队调到农场了,然后就扎根到现在呢!"

改革开放前大部分女性都是通过媒人介绍结婚,以家长意见为主,女性对结婚对象没有更深入的了解。一方面,女性在对结婚对象的选择上有限,主要由父母帮助自己选择,父母按照自己心目中的标准帮助女儿挑选结婚对象,父母眼中的合适并不一定真正适合女儿,因此在选择结婚对象上女性与结婚对象之间有一个盲区,选到适合自己的结婚对象的概率较低。另一方面,女性自身能力不够,不懂怎样选择结婚对象。由于当时自由恋爱并不流行,女性在恋爱方面并没有经验,经验不足会让女性在择偶方面没有自信,不相信自己的择偶能力,转而征求家长的意见,将选择大权交到父母手中,所以依旧存在父母帮助女儿挑选结婚对象的错位情况。

这种择偶方式导致女性婚后在新组建家庭中的自主地位高低需要碰运气，碰到一个较好的婆家，对女性比较照顾，妇女在家庭中地位则较高；碰到一个不太好的婆家，对媳妇要求严格，妇女在家庭中地位则较低。女性对家庭自主能力的把控依旧没有掌握在自己手中，而是掌握在婆家手中，其中包括来自丈夫以及公婆多方的牵制，这导致女性的家庭自主地位不是由自己决定的，而是由婆家决定的。

（2）改革开放后农村妇女实现了婚姻自主。

择偶方式发生改变，提高了女性在新组建家庭中获得较高地位的可能。女性在婚姻自主状况方面掌握了更多的话语权，可以通过多种择偶方式选择自己的伴侣。自由恋爱的方式能够让女性在恋爱方面更加自信，相信自己的选择，能够为自己的选择负责，不同于以往女性将自己的终身大事全权交由父母定夺。根据自己的标准寻找伴侣，婚姻建立在爱情的基础之上，女性在新组建的家庭中更能得到丈夫的尊重、爱护、体贴，这类婚姻在满足基本物质需求的基础上，注重两个人精神层面的契合。

问："那您跟您的爱人是怎么认识的呢？能说一下您跟爱人从认识到结婚的过程吗？"

W14："我结婚的时候岁数挺大的，28 了才跟你叔结婚。那时候一个农村姑娘都 28 了可是老姑娘了，周围那小姑娘人家 17、18 都结婚了，像我这么大岁数的孩子都 7、8 岁了。之前也有人给我介绍过，我爹妈也不上心，那家人我都知道，他妈抽烟他爸喝酒，跟个流氓窝子似的，我才不干呢！完了后来又给我介绍了几个，不是缺爹就是少妈，就是没有一个家庭是完整的，你叔也是，就一个爸。那时候是你叔的姥姥家那边的亲戚说给我介绍对象，媒人也说了，'身边有个小伙子没结婚，他爸是军队的，调到这个场子，就是妈没了，家里有点穷，你看看呗'，我说行。然后你叔就来我家看看，我第一眼就没看上，个小，穿的也不咋利索，本来心里面不想答应，后来观察一下这小伙子办事还行，再一个就是这个场子地方好，种水田啊，以后结婚了生小孩也可能出息啊！在家跟前找一个也不一定有啥好的，旱田地不挣钱，那孩子以后跟我似的小学文化没啥出息，这辈子都没啥指望了。再有我年龄也大了，然后就答应过后去他家看看，过一段时间我就跟我弟弟还有媒人去他家看看，那是真穷啊，家里啥也没有，就一破房子，不过看着这个场子也就答应了，我们就这么结婚了，转过年就生了个小姑娘。"

问："那您跟您的爱人是怎么认识的呢？能说一下您跟爱人从认识到结婚的过程吗？"

W7："我跟你哥啊，那时候我来我姑奶家，然后你哥家就在我姑奶家隔壁嘛！有一天晚上天也挺黑的，我就着急回去，冬天穿得多，捂得溜严（把头包起来）低头就走，走得快正好跟对面的俩人撞上了，那俩人里面有一个就是你哥。然后过几天我又去我姑奶家，你哥也去我姑奶家，就看见我了。那时候俩人也都是单身，就这么的，他就经常去我姑奶家，就追我，还帮我姑奶家干活，再加上他爸他妈跟我姑奶还是邻居，然后就跟我俩说你俩看看合适在一起也行，就这么的我们俩就在一起了，之后就跟父母说一声，父母考虑一下也没什么意见。"

当下媒人介绍的择偶方式与以往的择偶方式也有不同。目前媒人介绍的婚恋方式给双方创造了更多的相处机会和更长的相处时间，延长了从恋爱到结婚的时间。女性能够通过这段时间了解对象，不盲目结婚，具有了更多的选择性，了解恋爱对象后可以自己决定是否结婚。女性对婚姻有了较多的个人看法，相信自己有能力选到一个合适的伴侣。因此，女性在婚姻方面具有了较多的话语权，父母也愿意尊重子女的意见，以免日后落下"日子过得不好都怪你们"的口舌。

2. 生育自主状况变迁

生育是非常重要的一个家庭功能，女性生育自主状况指的是女性在家庭中是否能够按照自己的意愿生育子女。

（1）改革开放前农村妇女家庭生育意愿难以实现。

生育意愿是指人们对于生育问题的看法、态度及倾向。生育意愿主要涉及三个方面的问题：第一，生育的目的，即为什么要生育小孩。第二，生育子女数量，即生育子女的理想数量。第三，有关子女性别的看法，即希望生育的子女是男孩还是女孩。从上述对生育意愿的界定中能够看出，生育意愿涉及生育目的、生育数量、生育性别三个方面。我国实行计划生育政策后，家庭生育是在国家计划生育政策下进行，因此本研究主要从生育目的、生育性别两方面探讨妇女生育自主状况。影响生育意愿的因素主要有三个：思想观念、劳动力需求、社会保障。改革开放前，由于我国的经济基础较差，底子较薄，人们有关生育意愿方面的观念并没有达到一个质的飞跃，还处在量的积累当中，尤其是在经济发展比较落后的农村地区，人们普遍有着"不孝有三，无后为大""多子多福"的生育观念，人越多对家里面的生产帮助就越大，自古以来的"男孩偏好"也在一定程度上潜移默化地影响着人们的生育意愿。因此，在上述条件下，农村妇女的家庭生育意愿在一定程度上受到影响，她们没能够按照自身的意愿进行生育。

问："那您跟爱人结婚后在生育小孩这个问题上有什么想法吗？对生男孩和生女孩，您和您的家人是什么样的态度呢？"

W29："结婚之后要小孩是天经地义的，说白了人家娶媳妇也是为了能够传宗接代，不会生孩子会被婆家瞧不起的，而且我们这个年代生姑娘也会被婆家看不起。反正我生孩子那会生了儿子，他爷爷奶奶就特别高兴，生了姑娘婆家的脸色就不怎么好。现在说句不敬的话，那时候公公婆婆真是管儿媳妇管得死死的，尤其是生孩子，特别希望生小子。那时候没有计划生育，第一胎不是小子就继续生，还好我运气好，生了小子，不然那日子也不好过。"

问："那您跟爱人结婚后在生育小孩这个问题上有什么想法吗？对生男孩和生女孩，您和您的家人是什么样的态度呢？"

W24："我对生孩子没什么想法，结婚不就是为了生孩子嘛！生不了孩子那人家娶媳妇干啥啊？结婚之后转过年就有了你平姑姑，第一个小孩，完了婆婆看是个女孩就说再生一个吧！过了两年又要了一个你芳姑姑，又是个姑娘，正好赶上计划生育，第二胎就是个姑娘也不能生了，再生就罚钱。那会儿你爷爷还是场子职工，要是超生的话工作就没了，老了也没有退休金，完了就要了两个姑娘。生男孩和生女孩的那态度可不一样了，你爷爷可想要个孙子了，他们家也想要个孙子，传宗接代，死了之后有人摔碗啊，不然有人会说这家绝户啊！生两个姑娘婆家可不满意了，有时候你爷爷喝酒喝多了还埋怨我没生儿子呢！有时候你两个姑姑也都能听见，那我也说不出啥来啊！谁让我没生儿子呢！"

从上述材料中可以看出改革开放前农村妇女家庭生育意愿的实现具有难度。生儿育女和男孩偏好在一定程度上会影响妇女在家庭中的地位。农村传统生育观念对农村妇女的生育意愿依然具有一定影响，"无后为大"以及"传宗接代""男孩偏好"的想法依旧存在，结婚生育是顺其自然的想法，生育男孩通常能比生育女孩得到更多的重视。因此，改革开放前农村妇女的家庭生育意愿难以实现。

（2）改革开放后农村妇女生育意愿基本得以实现。

改革开放后我国的经济体制发生了转变，实行了家庭联产承包责任制，家庭收入得到大幅度的增加。家庭经济条件的好转让人们的关注重心发生了转移，人们不再执着于基本的物质温饱，而是逐渐开始开拓自己的眼界，向更高层次的生活展开追求。人们的思想观念发生了变化，婚姻家庭不再只关注生儿育女，更关注家庭的情感功能，尤其是夫妻关系。此外，随着我国男女平等基本国策的推进，妇女的社会地位大幅度提高，农村妇女的家庭生育观念也开始改变。家庭经济条件好转，物质生活水平上升，社会保障体系也日臻完善，有关"男孩偏好"和"养儿防老"的传统生育观念逐渐淡化，取而代之的是"生育自主""生男生女都一样"。

问："那您跟爱人结婚后在生育小孩这个问题上有什么想法吗？对生男孩和生女孩，您和您的家人是什么样的态度呢？"

W15："那时候生个孩子不是啥大事儿，哪像现在啊生个孩子一大家子都护上去。那时候农场有医院，有些家里面条件好的就去医院生孩子，有些人家直接在家里找个接生婆就完事儿了。我那时候本来也没想那么多，寻思去场子医院生孩子就行了，结果快生那天晚上就突然肚子疼啊，疼得直冒汗啊，汗水噼里啪啦往下掉。那时候你叔还没在家，我就喊我家邻居把你叔召唤回来，他回来了马上抱着我去医院，医院这帮大夫没留我，说赶紧上前郭，可能难产，你叔又找车把我拉到前郭大医院，到医院都快不行了。在医院那时候是晚上，扛到 1 点多可算把孩子生下来了，你叔整个晚上就在病床前陪着我，也没有床睡觉，给你叔困得不行了，反正病房暖和，他就在地上对付一宿。我家那小姑娘也是刚生下来就抱去了（婴儿室护理），完了 3 天后就肠胃不好，开始打点滴，那会给你叔愁得好像心事可重了呢！过了一个礼拜孩子可算好了，我们就打算回家了。你叔告诉孩子她爷爷把家里面烧暖和点，大冬天的，那时候都要过小年了，外面下大雪，把孩子抱回来了，他爷爷也稀罕孩子，怕冷着怕冻着的，把屋子烧得挺暖和的。孩子他爹、他爷爷也没说因为是个小姑娘就不乐意啥的，该干啥干啥，反正孩子小也招人稀罕，没啥意见啊！那时候你叔其实挺喜欢这丫头的。我在病房那几天，对面住了一对油田的夫妻，那女的腿脚不咋好，小孩夭折了，以后也不能再生了，但是家庭条件好，俩人都是油田工人，是双职工家庭。人家两口子见我家是农村的，生的又是个小姑娘，寻思着可能不咋想要这个孩子，就跟我说'反正你们两口子还年轻，以后还能生小孩儿，你看我们家条件也挺好，孩子要是跟我们的话也不能亏着'。还没等我张嘴呢，你叔马上说那咋能行呢，他不同意。过后我问他，他说自己家孩子谁舍得给人啊，姑娘小子都一样，也不能给人呢。完了我们家不同意给对面那女的，那女的还哭了，但是哭也不能给啊，穷富也好那是身上掉下来的肉啊！那时候不是计划生育嘛！一家一个。还有就是家里条件也确实不好，养两个也养不起啊！不过你叔无所谓，有这么一个孩子养老送终就行了，不要求多，想得可开了呢！反正孩子都这么大了，读书读得也挺好，我跟你叔还挺知足的。"

问："那您跟爱人结婚后在生育小孩这个问题上有什么想法吗？对生男孩和生女孩，您和您的家人是什么样的态度呢？"

W11："生姑娘和生小子可不一样，那时候我婆婆就希望是个小子，结果就生了个姑娘，小姑子倒是生了两个小子。婆婆对我和我家孩子的态度就是赶不上对小姑子及其儿子。他们家是单传，就一个儿子，我没生个儿子，不能传宗接代了呗，就怨我没生儿子。他们家啥活都得我干，过年的时候炒菜都是我炒，完了还嫌不是咸了就是淡了的。有一年给压岁钱，给外孙子一人一百块，给我家姑娘五十块。"

问："那您怎么没想过再要一个小孩呢？"

W11："计划生育啊，谁敢多要啊！计划生育一家一个小孩，姑娘小子都不能多要，生完第一个小孩之后场子里面就集体组织一批妇女结扎啊！能要的话我婆婆肯定要我再生一个了，我跟我丈夫都是工人，要了二胎两个人工作都没了，到老了也没有退休金，不敢要啊，就算婆婆有啥意见也没办法。"

问："那您跟爱人结婚后在生育小孩这个问题上有什么想法吗？对生男孩和生女孩，您和您的家人是什么样的态度呢？"

W8："我赶上计划生育，一家就生一个，结婚了第二年就生你小侄女了。刚开始的时候我跟你哥商量了，不想生孩子太早，然后就结了婚，第二年才要的孩子，主要是规定一家只能生一个，就算是女孩也不能生第二个。生男孩生女孩对我也没啥影响。那老人当然希望生儿子了，不过对生个姑娘倒是也没说有多不高兴，也都是照常稀罕，我家孩子小时候也是爷爷奶奶经常带着出去玩，然后我坐月子啥的也是我婆婆伺候的，还行，对我还挺好的。但是没说天天给我带小孩，就是我忙的时候把孩子给她奶奶带，上小学的时候也是爷爷奶奶接送，一直到能自己来回上下学。"

问："现在的政策可以一个家庭生育两个小孩儿了，您愿意要二胎吗？"

W8："不要了，现在姑娘小子都一样养活，老了也不一定要指着姑娘养老，反正现在也能交社会保险。养一个孩子都不容易，现在小孩花钱太多了，从出生到上学，一天比一天花钱多，尤其是补课，一上了初中假期就没停过，有这么一个孩子养活就够了。"

从上述访谈资料中可以发现，改革开放后人们的思想观念发生了改变，传统的家庭生育意愿也在变化，农村妇女的生育环境变得宽松，女性可以在一定程度上自由选择是否生育，生男生女一样好。因此，改革开放后农村妇女的家庭生育意愿基本得到了实现。

3. 个人发展自主状况变迁

本研究中农村妇女的个人发展自主状况指的是农村家庭妇女在家庭中自由发展自己的权利状况。个人的发展需要一定的时间条件和空间条件。农村妇女是否有足够的时间和空间发展自己，也从侧面体现出其在家庭中的地位。

（1）改革开放前农村妇女个人的发展受到限制。

改革开放前，农村妇女的婚后生活基本有固定的模式。东北地区地广人稀，土地肥沃，适宜开展农业。因此，当地农村主要的生产经营模式为"日出而作，日落而息"的农业生产，不同的季节可以开展不同的工作，生产生活劳动繁重，是典型的"春种秋收"生产模式。正是由于得天独厚的自然条件和小农经济的人文环境，农村妇女被固定在家庭中。由于男女的生理差异，男性在这种生产模式下具备更多优势，因此妇女个人的发展具有一定的局限性。妇女的主要任务是照顾好家中的主要劳动力，为家中男性烧火做饭以及做一些家庭中的杂事，自身的发展并不重要。关于妇女自身价值实现的主要评估标准是妇女为家庭做了多少贡献，而不着眼于妇女的个人成就。妇女自身是否发展得好对于整个家庭来说并不重要，重要的是家庭要发展得好。因此，妇女个人的发展被淹没在家庭发展的背景下，家庭的发展比妇女个人的发展更重要。

问："您结婚后的家庭生活主要是怎么安排的呢？家里面的收入靠什么呢？您跟丈夫如何经营您的家庭呢？"

W21："结婚以后你爷爷就在场子仓库当保管员，我就在家做农活，夏天种点菜，卖点青菜，冬天养猪，等过年了卖点猪。我们家收入就靠你爷爷当保管员领的工资。说实在的，刚开始'大帮哄'（集体经济时期集体劳动）的时候根本没钱，家里面也是挺穷的，我还带着两个孩子，你姑姑小时候奶水都不够吃，早早断奶了就熬那个苞米粉（玉米粉）喝，磨得细发的。后来'大帮哄'解散了你爷爷还是留在分场上班，月月开点工资，就够年吃年用，剩下的存款一分钱都没有。刚开始在这安家的时候省吃俭用盖了一个小土房，但是有个小院子，房子也不大，就一个睡觉的（卧室）一个烧火的（厨房），我们一家四口人可挤巴了。后期也是一点点省钱，我在家种菜、养猪，等孩子大了刚好邻居家房子要卖，完了我们就把小土房给卖了再添点钱就买了邻居家的房子——就现在我们住的，更宽敞。然后就一直到现在了，你爷爷退休了，每个月拿退休金，我还是天天在家，能干啥干点啥。"

问："您结婚后的家庭生活主要是怎么安排的呢？家里面的收入靠什么呢？您跟丈夫如何经营您的家庭呢？"

W26："结婚后就照顾家，你爷爷白天要上班，他是部队的连长，天天上班，我就天天给他做好饭，烧好炕。夏天的时候就收拾院子，自己种点茄子、豆角、土豆，一个夏天就够吃了。然后还要照顾小孩，那时候我生了三个小孩，大的和最小的是儿子，老二是个姑娘。伺候完你爷爷上班就开始照顾孩子呗，给他们做吃的。家里面收入就都靠你爷爷的工资，有时候你爷爷单位发点大米、白面啊啥的，也都是兑着苞米面吃的，哪有那么多大米白面啊，就是过年过节才有。"

问："农闲的时候都做些什么呢？"

W26："那时候一天天的可捞不着闲，夏天就收拾院子，天天给院子浇水，夏天日子长，有时候吃完晚饭了大家都在房檐下面凉快，女的就凑一堆，拿那个草编筐、编篮子啊啥的打发时间。春秋还要农忙，就是冬天啥也干不了在屋子里猫着，猫着也不闲着，家里面那么多口人，衣服、鞋啊，都是我做的。家家户户都做衣服，鞋、棉衣棉裤啥的，忙忙活活的一年就过去了，开春就又要开始农忙了。"

问："农忙您参加吗？地里面的活女人也干吗？"

W26："参加啊，参加生产啊，那时候忙的时候女的也得下地干活，把孩子送幼儿园，女的就下地干活去了。"

从上述访谈资料来看，改革开放之前的农村妇女将自己绝大部分时间都投入维持家庭正常运转当中，帮助丈夫一起经营自己的家庭。从时间上来看，妇女并没有太多的私人时间，几乎全部的时间都用来照顾丈夫、子女，即使是在有限的业余时间里也要做衣服、鞋子这样的杂事来补充家庭生活的需要。妇女不仅仅只做家务，在农忙时节也要参加生产活动，所以无论是家里还是家外都少不了妇女的身影。妇女的生活紧紧围绕着家庭而展开。在这个过程中农村妇女为家庭发展作出了巨大的贡献，而无暇顾及自身的发展。生产生活方式的固定和规律，使妇女也没有充分的空间考虑自身的发展，因此改革开放前农村妇女个人在家庭中的发展受到限制。

（2）改革开放后农村妇女个人发展空间更广阔。

改革开放后，无论从时间还是空间上看，妇女自身的发展都有了很大的变化。改革开放后的生产经营模式发生了一定的改变，传统的以农业为主业的生产方式依旧是人们获取经济收入的主要方式。有一点值得注意的是：目前的家庭收入在以农业生产为主的同时还融入了一些非农经济的收入，很多家庭在经营水田种植的同时也会在家里做一点非农产业来增加家庭收入，生产方式的转变自然使人们的生活发生变化。在生产效率提高、非农经济收入增加的背景下，婚后妇女的家庭生活安排也发生了改变。改革开放之后的农村妇女不用将自身的绝大部分精力投入家庭的生产劳动和家务劳动中，拥有更多的闲暇时间供自己支配，妇女有了更多的时间能够发展自身。改革开放后男女平等的思想越来越深入人心，男女受教育的机会日趋平等，女性的文化程度也在不断提高，女性不再局限于家庭的内部，通过上学能够接触到更多的新事物。新时代的年轻农村妇女更加注重主观感受，家庭生产经营模式的改变使妇女的家庭自主地位有所提高。

问："您结婚后的家庭生活主要是怎么安排的呢？家里面的收入靠什么呢？您跟丈夫如何经营您的家庭呢？"

W6："结婚的时候我家公公给我们盖好了房子，就靠马路边，然后给了五万块彩礼钱，让我收着，留着我们小两口过日子用。我啥都干过，主要还是靠你哥种点地，我家有接近两坰地的水田。不过我家公公能干，都是你哥跟我公公互相帮忙的，我基本上很少上地里面去，就是忙的时候去地里面送饭啥的，其他的零散农活我也去干，但主要还是你哥干活，我就照顾家里。家里面主要收入就是靠你哥种地，然后我在家干待着也没啥意思，就想着干点啥补贴家用呗，孩子长大也要钱啊，我们开销也要钱啊。想着家里面正好靠路边，附近有个加油站，然后我就开了个小卖部。但是开了一两年吧，虽然说靠着大道，但是道两边住的人少，再一个就是我开之前已经有一家小卖部了，屯里面的人就去那家小卖部，我家这个屯外边的店就没人光顾，屯里面出来交通又不便，开了两年就不开了，就留个冰箱夏天卖水卖雪糕，有时候有客车经过，乘客会买点，所以也能对付点零花钱。这两年我一边做微商，一边代理了一个护肤品店，卖点护肤品、日常用品，生意也还行，总比在家啥也不干强啊。这两年你哥加我两个人挣钱，也买了一辆小车，有时候送孩子上学，自己出个门也方便。"

问："农闲的时候都做什么呢？"

W6："闲着的时候就上上网，到处走走，溜达溜达，放松一下。有时候小孩放假了也会开车去附近转转，想看看别的地方是啥样的，总是在家待着也没啥意思啊！这人啊要是不经常出去走走就感觉这世界就家里这么大似的，出去走走就感觉不太一样，好地方多的是啊！我自己还考了个驾照，这样我自己想去哪儿也方便，有时候去拿货什么的，你哥没时间我就自己去。"

问："您结婚后的家庭生活主要是怎么安排的呢？家里面的收入靠什么呢？您跟丈夫如何经营您的家庭呢？"

W1："我跟我老公前两年结婚的，结婚的时候我爸分了一些地给我，我老公也有一些水田，加起来有两垧地左右吧！现在小孩刚两岁，我也脱不开身，我老公主要负责种水田，我就在家给他做饭然后看孩子，有时候我婆婆也会过来帮我照顾小孩。收入就靠我老公种水田了，现在还够用，就是担心以后小孩长大了，到处用钱，也不知道水稻行情啥样，有没有保护价，到时候还指着这点地就不行了。"

问："那您对以后的生活有什么安排吗？"

W1："也不懂怎么安排，就是想着怎么多赚点钱了。以前我学习不好，哪像有一些学习好的哥哥姐姐，人家考上大学之后就在外面工作结婚了，再也不用回来了，我就被留在家里了。那时候我爸看我念书念不好，就送我去那种民办的培训机构学点东西，我就去学了做美甲，但是在农村做美甲的又不多，再有人家喜欢做美甲直接有空去市中心做就好了，村子里做美甲的地方又少，样式又不够好，人家也不愿意在村里做。"

问："您愿意留在农村生活吗?"

W1："当然不愿意啊，在农村又埋汰，天天烧火做饭，虽然有煤气用吧，电饭锅电磁炉什么的也多，确实比小时候我爸妈那个年代要方便多了，但是冬天你要自己取暖啊，买煤烧煤。要是在城市里面有房，冬天还有供暖，你有钱就行了。我结婚前还想着我要是找一个城里的，哪怕是打工也好啊，这样我又能在城里面找个工作，或者开个美甲小店，两个人一起努力不也挺好的，两家父母再支持一下，小孩以后也可以在城里读书。不过我爸妈不同意，说要找父母有工资的，这样老了你们小两口负担轻。后来就找了我老公，他爸妈都是职工，但是能留给我老公的也只是水田啊，还不是要种地啊! 其实我老公也不愿意种地，我们两个有时候也计划着要不要把水田承包出去然后我们去城里打工好了，不过现在只能想想，要等小孩大点了，能上学之后再说了。"

当代农村家庭中的生产方式发生了细微变化，由以前的主要依靠农业生产，到现在的主要依靠农业生产及非农产业辅助的生产方式。在生产方式的变化中，非农生产方式不需要一味依靠体力进行，主要包括经营店铺等。这种形势下，妇女能够获得一定的发展自身能力的机会。在上述访谈资料中，妇女的观念也在发生改变，不是想着一味依靠男人去做事，而是有了更多自己的想法，并且愿意不断去尝试。从经营小卖部到主营微商，从实体辗转电商，妇女在尽可能多地通过自身的努力来获取经济收入。对女性价值的认可不仅仅以妇女为家庭其他成员付出的时间和精力为标准，而是将目光放在女性自身上，女性所带来的独立经济效益和一些超前的思想，都体现出妇女发展自主权的提升。更有一些年轻的农村妇女，手中也掌握了一些具有可操作性的实用型技术，像做美甲、美发美容之类的，但是在农村缺乏一个给女性施展技术的空间，女性对城市生活的向往也能够从侧面反映出农村妇女对自身的发展有着迫切的渴望。总之，改革开放后的农村妇女更加注重自身的发展，农村妇女的发展空间也在不断扩大。

（二）农村妇女家庭决策地位变迁

关于家庭事项的决策能够体现出农村妇女在家庭中的话语权，因此笔者将家庭决策地位作为衡量妇女家庭地位的标准之一。农村妇女家庭决策地位主要通过日常事项决策权、重大事项决策权和公共事务决策权掌握程度进行判断。

1. 日常事项决策权变迁

很多学者将决策权纳入衡量农村妇女家庭地位的重要指标。笔者也通过农村妇女在家庭中的决策权来考察其家庭地位状况。日常事项决策权主要包括农村妇女在家庭中对一些细小烦琐的事情的决策权，例如洗衣、刷碗、带小孩等。

（1）改革开放前农村妇女日常家庭事项决策范围有限。

由于女性与男性具有明显的性别气质方面的不同，加上性别角色的规范和我国传统道德思想对女性的影响，造成相当长时期内家庭当中妻子需要依靠丈夫才能够生存。家中的男人对于妻子来说是财富和权力的掌握者，丈夫具有更高的权威和能力，妻子在家庭中被定位为以丈夫的意志为主，管理好家庭中的事情的角色。丈夫的主要责任在于处理好家庭的生计来源，家庭内部的事情包含大部分的家务劳动在内，都由女性承包，女性被教化为能够持家才是一个女人人生价值的最大体现。这种教化使女性在潜意识中接受了女性做家务是理所当然的，甚至以此来评价一个女人对家庭的贡献。女性对家庭日常事项的决策局限于家务劳动这一领域当中。

问："一般在家中洗衣做饭、带小孩、喂牲口这些家务都是由谁来做呢？"

W25："我做啊，基本上都是女人做的，男人主要是上工的上工，上班的上班，咱在家又不上工，就只能给人家天天三顿饭地做着，男人赚钱也不容易啊，往家里拿钱，虽然钱不归我管，用一分要一分，但是毕竟钱是人家挣的，自己也要自觉点啊。孩子上学没钱我就在家养猪，每天你韩爷上工了我就开始收拾碗、干农活啥的，把这些干完了又到中午了，一天也捞不着待着（没时间休息）。你韩爷也不帮我干，除非我干不了的体力活，扛袋子啥的我干不了，剩下的小活啥都干，带孩子、洗衣服、做饭、刷碗都是我干啊。"

改革开放前农村妇女以家庭为中心，男主外女主内的社会性别规范要求女性将家里面的事情照顾妥帖。为了能够让丈夫在外面安心做农活，妻子在家庭中主要负责的就是日常生活中的琐事，例如洗衣、做饭、带小孩等，扮演的是贤内助的角色。但由于物资匮乏，家里的每一分钱都要精打细算，即使是日常事项的决策，妻子也会征求丈夫的意见，农村妇女日常事项决策权会不同程度地受到丈夫的干预。事实上，妇女能够作决策的日常家庭事务局限于丈夫已经默许的范围，例如做饭、洗碗、带孩子等不需要任何的门槛就能够操作的事。因此，改革开放前农村妇女日常家庭事项决策范围有限，妇女并没有全面掌握家庭日常事项决策权。

（2）改革开放后农村妇女掌握日常家庭事务决策的实权。

改革开放以后，家庭经济收入水平提高，男主外女主内的家庭事务分工更加明显，女人可以独立进行日常家庭事务决策，获得了日常家庭事务决策的实权。

问："一般在家中洗衣做饭、带小孩、喂牲口这些家务都是由谁来做呢？"

W12："洗衣服做饭这些都女人干的，咱们这基本上都是女的干，基本上没有男的做家务的，男的啊顶多就倒倒泔水，那还是这几年才有人干。我年轻那时候啥都是自己干，也有劲儿，赌气谁也不用，你叔主动帮我我都说不用。现在岁数大了想开了，干啥为难自己啊，好像老爷们不吃饭似的，外面种地的活我也干，回家你累了就躺炕上睡觉那谁乐意啊？这几年你叔还帮我喂喂大鹅、鸡鸭啥的，农忙了也是帮我洗菜烧炕，可能是看我老了干不动了呗！以前邻居看着谁家老爷们下厨房，男的就觉得丢人呗，到处怂恿，你家前院的那个跟你叔说，'你看看他家老爷们还下厨房，我家你大姐做得不好吃我都得骂她一顿'。你看看后来咋样了，人家把他扔了（抛弃了），离婚自己又找一个过去了，现在那大姐过得好好的，前几天听人说看见她白白胖胖的。我没事也跟你叔说，'你以后再气我，跟你爹一起气我，我就把你们爷俩也扔了，反正姑娘都大了，谁怕谁呀'，你叔也不吱声，哈哈哈。"

社会规范将理想的女性定义为贤妻良母，即使是在今天，能够照顾家庭依旧是社会对女性的主流要求。当前的农村妇女即使有一定的自我创造价值的能力，也依旧以家庭为中心，家庭中的日常生活事项还是由女性来进行决策。丈夫认为家里面的事情交给妻子是没有后顾之忧的，自己只需要做好外面的事情就足够了。上述案例中妻子对于家庭中的小事都是自己作决策，较之改革开放前农村妇女对家庭中日常事项的决策地位并没有发生明显的变化，女性依旧是家庭中日常事项的主要决策者。

2. 家庭重大事项决策权变迁

家庭重大事项决策权主要包括对家庭中建房子、大额财产使用、未来规划等问题的决策。

（1）改革开放前农村妇女不参与家庭重大决策。

家庭中的重大决策主要包括关于家庭未来发展的决策，例如盖房、购置大型农机、子女升学就业、赡养老人、生产方式选择等。在"男强女弱"的观念影响下，女性对自身能力的认知停留在低于丈夫的层面。由于教育资源在农村特别稀少，男性优先获得更好的资源，女性能够受到教育的可以说是少之又少，几乎全部的农村妇女在改革开放前自身能力极度欠缺。婚后的女性长期局限于家庭中，没有足够的发展空间，导致自身眼光短浅，对丈夫的依赖性强。在"男高女低"的文化环境熏陶下，女性主要负责决策家中不太需要动脑子的事情，家里面比较复杂一点的事情多数会交给男性决策，所以在改革开放之前的农村家庭中，妇女参与家庭重大事项决策的行为比较少见。

问："平时家里有什么比较重要的事情需要作决策，比如置办房子选在哪里、是否供小孩读书、外借大额钱之类的，您跟爱人谁做主呢？"

W22："大事啊都是你李爷做主，人家让干啥咱就干啥，买房子啊也是你李爷说了算，人家商量好了就直接告诉我搬家，我想着有大房子住就行，问那么多干啥。主要是孩子上学这件事上，我跟你李爷没少吵架。那时候供你两个姑姑上学，你这两个姑姑学习都还行，但是家里为了供这两个孩子过得挺穷的，你李爷就不想供孩子继续念书了，说念到初中就行了，念那么多有啥用。完了你平姑姑就说反正她读书读得也有点吃力，她就不念了，你平姑姑初中毕业就去打工了。你芳姑姑学习好，初中毕业了就想考高中，你李爷就不乐意啊，不想让你芳姑姑考试，你芳姑姑又舍不得不念书，就跟我哭，我一看这孩子哭得可怜巴巴的就去跟你李爷说给孩子考试吧，你李爷说一个姑娘念那么多有啥用，早晚要嫁人，要念谁供你啊！我就说那就先让孩子考试试试吧，能考上我就多干点，紧巴紧巴也就出来了。完了你芳姑姑就考试，一争气就考上我们这最好的高中了，都考上了这三年读得也不顺溜。你李爷老说考上大学就自己打工供自己，考不上就回家。这孩子心理压力也大，最后也没考上就回了。其实吧，虽然说没考上大学，但是至少有文化啊，不是文盲啊。现在我姑娘教她女儿也不费劲啊，怎么也比我当初强啊。"

从上述案例中能够看出，改革开放前的农村妇女对家庭中的重大事项决策以丈夫为准。在更换房子的时候，丈夫都没有问过妻子的意见就直接更换；在小孩读书的问题上，丈夫坚持自己的意见，"重男轻女"的思想观念严重，认为女孩不需要接受太高的教育，即使妻子提出了意见也被丈夫忽视。由此可见，农村妇女在家庭中未掌握重大事项决策的话语权。

（2）改革开放后农村妇女可提出重大事件的决策意见。

改革开放之后，农村年长已婚妇女的阅历和社会经验都积累到了一定程度，年轻的农村妇女也有机会接受一定的义务教育，整体上女性的个人素质得到了一定的提升，农村妇女同男人之间在处理问题能力方面的差距日渐缩小。女性有能力对男性做出的决策提出疑问，更有能力者可以自己掌握家里面大事小情的决策权。同时，农村家庭中的丈夫对妻子的个人感受更加重视。随着小家庭数量的日益增多，夫妻之间的关系在家庭中更为紧密，丈夫更加愿意让妻子参与家庭事务的决策，提升妻子在家庭中的地位。与传统社会中丈夫对待妻子的态度是以能够号令妻子为荣相比，目前能够让妻子在家庭中做主更能体现男人的风度和能力，否则也会被周围人说成男人没有能力，就知道回家欺负老婆。

问："平时家里有什么比较重要的事情需要作决策，比如置办房子选在哪里、是否供小孩读书、外借大额钱之类的，您跟爱人谁做主呢？"

W10："我家一般没啥重要的事，就是基本上外面的事儿都归你叔管，我不管，咱文化也不高也不会管。刚开始来这场子的时候我都不会割稻子啊，一把一把割稻子啊，磨了几年了才知道往怀里抱着割。种稻子啥的那不是生产嘛，咱就听你叔的，人家说咋干就咋干。再一个我们这一般人家都是老爷们说了算，我要是天天指挥会让外人笑话啊——你看他家老娘们说了算，男的也没地位啊！咱也不能不给你叔面子，就在家里跟你叔提提意见，人家乐意听就听，不乐意听就不听。岁数小，管不了人家；这两年岁数大了，也知道咋干了，他不听我的我也不给他干。俩人因为种点地也是吵吵的，但是胳膊拧不过大腿啊，我也不管那么多，反正挣不着钱谁也不乐意。盖房子啥的倒是没啥，刚开始来就孩子他爷爷盖了个破房子，后来你叔就收拾收拾，我也想孩子大了以后往家里面领个同学啥的也要像点样啊！完了你叔就张罗——就现在咱住的这个房子，也挺好，收拾有个十多年了。孩子上学的事，你叔重视教育，他自己以前学习也挺好的，就是家里穷没人供他，他就种地了，现在他就不想让自己孩子再走他的路，就使劲挣钱，巴不得他姑娘长大有大出息。我是顺其自然就行，不然孩子自己累得吭哧吭哧的也不高兴，那何必呢！你叔可不是这心态，指着你姐将来当官儿呢。"

问："平时家里有什么比较重要的事情需要作决策，比如置办房子选在哪里、是否供小孩读书、外借大额钱之类的，您跟爱人谁做主呢？"

W4："这些都是我们俩商量着来的，没有说谁一定要听谁的，那要看谁有理就听谁的，不能明知道是错误的决定你还去做，那不是傻是啥！就像你哥他弟弟那不是离婚了嘛，媳妇走了剩个孩子他自己带，完了他还要干活，包了五垧水田，那哪有工夫照顾孩子，完了你大哥就要把孩子带我家来，先让我帮着看，我就不同意嘛，那我自己有个姑娘啊，再说了爷爷奶奶都在，身体也不错，为啥一定要我照顾呢！最后你哥也妥协了，孩子给爷爷奶奶带。"

从上述案例中能够发现：改革开放前大部分的妇女因为自身见识不够而依赖丈夫，在一些重大事情决策上没有与男人讨价还价的余地；随着女性自身能力的不断提高，目前男人不能再以"妇人家懂什么"为由忽视妇女的意见，在家中重大事情决策上女性的意见如果是更加合理的，并且据理力争的情况下，男人也会采纳。妇女逐渐从掌握家庭日常事项决策权为主向参与家庭重大事项决策转变。在更加年轻的80后夫妻家庭中，夫妻关系是家庭关系中最为重要的关系之一，夫妻之间的情感因素增加，丈夫更加在乎妻子的个人感受。当关乎家庭重大事项需要决策的时候，一般都是夫妻双方共同协商，男女两性的决策平台更加平等。为了家庭的和睦发展，丈夫愿意让妻子参与家庭中的重大事项决策，妻子得到了丈夫的认可和尊重，家庭氛围更加和谐。夫妻对家庭的追求在于家庭更加和睦，不会为了证明男人的地位和权威而破坏小家庭的氛围，因此改革开放后农村妇女能够参与家庭重大事项的决策。

3. 公共事务决策权变迁

家庭中涉及公共事务的决策能够体现出家庭中的个体参与公共生活的程度。对于家庭中公共事务的决策权的掌握能够体现出个体掌握家庭决策权的程度。

（1）改革开放前农村妇女不参与公共事务决策。

改革开放前村庄以集体生产方式为主，人们的日常私人生活较多被裹挟到公共生活中，社会关系表现为"谁家还不知道谁家的事儿啊"。"大帮哄"时代家家户户的生活几乎按照一个模板进行，男人主要负责家庭以外的事务，女人主要负责家庭内部的事务，凡是涉及修水渠、修路、建学校之类的公共事务，都是家中男性作为代表参与决策。村子中的民事纠纷调解也都是以男性为主导，女性只是跟在其丈夫身后，言听计从。日常的人情往来，诸如婚丧嫁娶之间互相来往、亲戚邻里之间互相帮助，都是以男性为代表参与的。妇女在改革开放之前几乎不参与涉及家庭之外的公共事务决策，一般都是家中男性代表家庭参与公共事务的决策。

问："村子里有一些重要的事情都是男人开会作决定是吗？家庭妇女会参与进去吗？"

W19："他们都有职代会的，就是关于村里的大事都是通过职代会讨论的，女的没有去的，最多就是书记员是女的。"

问："日常生活中有红白喜事需要一个家庭出一个代表的情况下，一般是男人去还是女人去呢？如果女人去会不会被其他人说闲话呢？"

W19："外面的事我从来都不管，以前不管现在也不管，咱也不懂，也管不好，都是我家老头管。红白喜事的话那得看情况啊！刚结婚的时候刚来这啥也不懂，也不好意思出去抛头露面，我长得又矮、又小，也不爱出去，所以都是我家老头去。等孩子长大了我跟周围的街坊邻居也熟了，就偶尔结伴跟邻居一起去喝喜酒。丧事从来不去，女人没有参加丧事的，都是男的去。"

改革开放前的公共生活多是以男性为主导，女性多被认定为"屋里人"，几乎不怎么代表家庭参与公共事务决策。上述案例中的农村妇女对涉及村子的公益性事业的决策都交给丈夫负责，日常公共生活中的婚丧嫁娶也交给丈夫负责，由此看来家庭的公共事务决策权基本掌握在男性手中。

（2）改革开放后农村妇女公共事务决策权提升。

改革开放之后，村民的私人生活发生变化，随着计划生育政策的实施，以及家庭观念的改变，年轻子女不愿意跟家长居住，这导致核心家庭数量迅速上升，主干家庭和联合家庭数量不断下降，村民家庭生活变得更加私密化。妇女作为家庭女主人，独立意识开始增强，希望小家庭过得比以前好的愿望非常强烈。妇女希望自己能够参与公共事务的决策，在家庭中亦和丈夫协商共同处理公共事务。家庭内部的推力让妇女走出"厨房"，走向家庭之外的社会参与公共事务决策。随着社会的发展变化，村民生活的内容也变得多元化，吸引妇女参与公共生活，男女平等观念的提倡在历经一段时间之后有了更加明显的影响效果，这使妇女有了参与公共生活的背后保障，形成了妇女参与公共生活的拉动力。因此，改革开放之后农村妇女公共事务决策权有所提升。

问："村子里有一些重要的事情都是男人开会作决定是吗？家庭妇女会参与进去吗？"

W5："嗯，大部分还是男的去。那要看是啥事了。一些大事跟女的说了女的也没什么意见，所以都是跟妇女有关的事才会叫妇女代表去参与讨论。最近几年不是有一些女的愿意跳舞嘛，然后没地方，老是占马路跳舞，后来跟场部合计了一下，也问了一些妇女，就决定腾出一块地方来，给大家锻炼身体用，顺便也可以跳舞了。"

问："日常生活中有红白喜事需要一个家庭出一个代表的情况下，一般是男人去还是女人去呢？如果女人去会不会被其他人说闲话呢？"

W5："外面的事有时候是广播通知，也没啥大事，体力活就老爷们去，老爷们没工夫的话，女的在家能去也去，但是比较少，一般都是老爷们去，女的不管这些。红白喜事的话看情况，一般喜事谁去都行，关系好的就两口子去，关系一般就一个人去意思一下就行了，我们这礼金也还行，不像别的地方可多了。丧事就不一样了，我问过你叔基本上没有女的去。不过也看人家，如果是女职工的同事家办丧事，有时候女职工也自己去，毕竟老爷们（丈夫）跟她单位的同事也不熟啊，再说人家是有单位上班的，跟我们种地的不一样。但是这边下葬的时候女的就不去了，不吉利吧。"

问："村子里有一些重要的事情都是男人开会作决定是吗？家庭妇女会参与进去吗？"

W2："代表家庭是这样的，都是男的代表家庭去的，不过现在女的在家里面地位都挺高的，男的都听媳妇的，有些事（先知道的事）都会跟媳妇商量的。现在媳妇在家可了不得，动不动就要离婚，现在离个婚也不是啥大事。不过男的就惨了，女的离了婚还能嫁，男的没本事就不好娶了。附近这几年离婚的可真是多，一家比一家多，这年头谁也不愿意委屈自己。再一个，现在男的想法也不一样了，以前男的在家就是大爷，现在女的是大爷，男的跟媳妇一条心，啥事也愿意跟老婆商量，主要是谁都想把日子过好，无所谓听谁的，家里过不好谁都不对。"

问："日常生活中有红白喜事需要一个家庭出一个代表的情况下，一般是男人去还是女人去呢？如果女人去会不会被其他人说闲话呢？"

W2："一般都是我老公去，有时候他没时间要我替他去，但是我不乐意替他去，（去的）都是男的，女的少，所以就不乐意去。红白喜事的话，要是我自己的同学或亲戚家，那肯定是我去，要是我老公的那就他去。但是真正到下葬的时候我从来不去，有时候觉得自己去不吉利，再一个就是人家也不给女的进坟地，认为有伤风化嘛。不过也有例外的时候，我爸那年癌症过世，我家就我一个孩子，也顾不上男女了，我跟我老公都去，所以现在人也想开了，没有以前那么封建了。"

从上述材料中可以看出，能够代表家庭参与公共事务的不再限于家庭中的男性。村落生活发生变化，妇女更多参与家外的村落事务，很多事情需要有妇女的参与才能够提出行之有效的方案。上文中为确定给妇女锻炼身体的场所，村子的管理者也会征求妇女的意见，妇女参与公共事务的机会增加。关于村子当中的人情往来，也不再像传统的性别规范规定的那么死板，即不再是只有男人才能够代表家庭参与，女性也可以代表家庭参加婚丧嫁娶等事宜。家庭内部进行关于公共事务的决策时丈夫也会考虑妻子的意见。当前农村妇女的公共事务决策权明显提升。

（三）农村妇女家庭支配地位变迁

农村妇女家庭支配地位同样是衡量其家庭地位的重要指标。本研究关于农村妇女家庭支配地位的考察主要通过农村妇女在家庭中对其家庭财产支配状况进行。经济基础关乎个人以及家庭的发展，对经济大权的把控最能体现出个人在家庭中的真正地位。

1. 改革开放前农村妇女没有掌握家庭财产支配实权

城乡二元经济结构的存在对以小农经济为主的农村产生了一定的影响，农村的家庭收入方式比较单一，大部分家庭都是靠经营土地获得经济收入。从事农业生产中的很多活计男性比女性具备优势，即使农村妇女会参与一些农业经济生产，但不足以达到与男性平衡的水平，农村妇女的主要任务是照顾好丈夫，让丈夫更好地进行生产活动。农村妇女能支配的家庭收入主要通过丈夫获得，经济上对丈夫具有依赖性。

问："您家里面的财政大权谁掌握呢？如果您要用钱的话，是直接自己决定还是要跟爱人商量呢？"

W20："早几年刚结婚的时候他拿钱，我说了不算，后来我也慢慢地跟他说有时候在家里面要花钱我都来不及要，买啥东西的时候一时没钱也买不了。再一个别人家都是女的管钱，就咱家你还拿着钱，你魏爷爷后来想了想也同意我管钱，但是要用到大钱啥的还是要经过他同意，后来我就开始管钱了。"

改革开放前集体经济背景下家庭的主要收入来自男人在生产队做工所获得的工资，在农忙的时候也有女人参与生产劳动并获得工资。因为男人每天都要参加生产劳动，无暇管理钱，就把钱都交给女人管理。由于整体工资水平偏低，家庭的全部收入基本上都用于购买柴米油盐的日常生活开支。妇女没有单独获取家庭收入的机会，家庭整体收入也只够日常生活开支，没有余钱给女人支配，女人能够支配的家庭收入仅限于购买家庭生活必需品。事实上女人更多充当着家庭收入的管理者角色，并没有支配家庭收入的实权，除去维持家庭生活正常运转的家庭开支，女性几乎没有多余的家庭收入可以支配。

2. 改革开放后农村妇女的家庭财产支配权提升

改革开放后农村开始实行家庭联产承包责任制，这提高了人们的生产积极性，因此家庭人均收入提高了一个档次。主要的家庭收入来源是小家庭中夫妻二人共同劳动获得。家庭收入整体提高，女性依旧是家庭收入的主要管理者，家庭收入除去日常的生活开支还有所剩余，一般情况下女性不会自己单独支配结余的家庭收入，而是同丈夫商量后存入银行。事实上女性除去能够支配家庭生活必需品的开支外，并没有单独支配家庭收入的权力，都是要经过丈夫同意才能够支配。由于女性开始参加更多的社会生产，走出家庭，即使女性依旧是充当代替丈夫管理家庭收入的角色，女性的家庭财产支配意识也开始崛起。例如在家庭财产支配的内容分布比例上发生了改变。

问："您家里面的财政大权谁掌握呢？"

W16："我们家钱、存折、卡啥的都是我拿着，拿着也没用啊，你叔天天问我要，买点这个买点那个，五花六花的，今儿买烟明个买酒的，我一年年省吃俭用舍不得花钱，他大手大脚的，谁乐意啊！但是有时候该花的人家要你也得给啊，其实就是个过路财神啊，完了我还不会算账，要了一通钱没了，人家还问这钱都花哪去了，我也来气啊！我说要不你自己管钱，然后给他管了一阵子钱，发现这钱花得更快，他就又把钱交给我管，给我管也没用，也不听我的，还是得看他的意思。有一回他弟弟家孩子来我家，你叔说给封红包，我不同意，因为啥？20 年前他弟弟从我家后面搬走了，走的时候还欠我家 1 000 多块钱，那时候 1 000 多块跟现在能比吗？我说钱我可以不要，你还要我倒贴再给封红包想都别想。我也来气啊，也不能拿我不识数啊，装啥啊，就我家有钱我也不让给。后来你叔张了几次嘴也没说出啥来，他自己缺理能说出啥？后来孩子来了，她妈说要还钱，我也没要，我就说钱不要了就当给孩子了。他们家人那不讲理的事多了，你叔可向着他家人了，反正我不管，不讲理就是不行，能拦住就拦住，拦不住我也饶不了你叔，非得干一仗才行，没有这么办事的。我自己用钱的话也看大钱小钱，大钱那是肯定要商量，小钱我自己花了买东西，买衣服买日用品啥的，买点吃的，他嘟呢（啰唆）我也不管他，凭啥他抽烟喝酒就行我买点东西就不行，可不年轻了，到岁数了我想开了。"

问："如果您要用钱的话，是直接自己决定还是要跟爱人商量呢？"

W16："钱在我手里，但是要用钱的话是两个人商量着来的，有时候我不同意的话呢他也会跟我讲道理，那就看谁说的有理了。一般小钱几百块的都是我说了算，大钱的话两人商量。"

在家庭收入支配的内容方面，支配的通常顺序是首先要购买家庭的生活必需品，如锅碗瓢盆以及柴米油盐，其次就是固定开支如支付养育小孩、赡养老人、生产投资的费用，最后留给个人的享受型开支，如男人的烟酒、女人的服饰等。在家庭收入有限的情况下，只能削减个人享受型开支来保持家庭其他方面支出的平衡，一般女性会考虑丈夫是家中的主要劳动力，选择削减自己的享受型个人家庭开支而优先支付丈夫的享受型个人家庭开支。但有一个情况值得注意，即女性自身开始对家庭收入的分配有了自己的想法。当前女性与男性同样参加生产劳动，回到家大部分的家务还是自己承担，即使没有自己的独立收入，而是与丈夫共同获得家庭收入，但女性在获得收入当中付出的体力和脑力并不低于男性。因此，女性认为自身应当有权为满足个人的需要而合理支配家庭收入，比如看上喜欢的衣服可以随时买，价钱合适的护肤品也可以自己买，不会因为丈夫是家庭中的主要劳动力而厚此薄彼。农村妇女不仅提高了自己的家庭财产支配权，并且获得了家庭财产支配实权。

（四）农村妇女家庭劳动分工地位变迁

传统意义上妻子在家庭中的劳动是无法用经济报酬衡量的。丈夫在外赚钱养家，能够用获得的报酬衡量其获取经济收入的能力，证明其自身价值。然而，妻子的家庭劳动成果没有统一标准进行评价，妻子的劳动成果往往被忽略，所以笔者认为需要将家庭劳动分工独立作为判断妇女家庭地位的标准之一。

1. 改革开放前农村妇女承担部分生产劳动和几乎全部家务劳动

改革开放前的集体经济，以分场建立的生产小组为单位，本场的主要男劳动力都编入生产小组，听从队长统一安排，进行水田种植以及其他农活工作，每月获取工资。农忙的时候，例如插秧、薅草、收割等需要在规定农时内完成的任务，也要求家中的妇女参加集体劳动，按照个人的工作时间发工资，发的工资比男性要少，并且会让妇女比男劳动力提前一个小时结束一天的工作量，以便妇女回家给全家人煮饭以及做一些其他的细碎家务。妇女在改革开放前既要参加生产劳动，也要负责家庭中的家务劳动，几乎每个时间段都有事情要忙。

问："您年轻的时候下地种田吗？"

W28："种啊，不下地家里没钱花，再一个生产队也要求女的下地，不下也不行啊！主要是春天和秋天的时候，那时候都是大家一起去的，春天去大棚里面一起育苗，都是统一的，由队长分配活，不是一家一家的，都是一个生产队一个生产队的。我们女的五六个人一组，一起干活，有些也偷懒，有一些实诚的就多干点。"

问："那回家了您还做家务吗？"

W28："做啊，家务从来都是女的干的，男的白天干活累，女的比男的干得少，回家也是烧火做饭刷碗，都没时间管孩子，忙的时候就这样，家家户户都一样。有些女的懒，再懒也得做饭，不然让人家笑话，邻居就会说，看哪家哪家老娘们啥也不知道干。谁也不乐意被人说啊！"

　　从上述材料来看，改革开放前的农村妇女在承担家庭劳动方面以承担家务劳动为主，以承担生产劳动为辅。经济体制的局限性将家庭生活与公共生活更加紧密地联系在一起，人们更多地遵循集体劳动的观念，服从生产小组的安排，到什么季节做什么工作。由于对女性家务劳动的劳动量没有一个明确的衡量标准，在大多数人眼中，从事家务劳动停留在"做家务能有多累？再累还能有下地种田累？"的观念当中。因此，农村妇女既要从事家务劳动，还要辅助男性参加生产活动。

　　2. 改革开放后农村妇女承担家庭生产劳动量减少，家务劳动分工走向平权模式

　　集体经济解散，改为个体经济，每家每户都分得一定数量的水田，自己经营，自负盈亏，这极大地提高了人们的生产积极性。在这个阶段，无论是男性还是女性，都会高度集中在生产劳动上面，女性也会做力所能及的生产劳动。但后期随着科学技术水平的提高，机械大量投入使用，解放了农民的双手，很多工作可以用人操作的机器来替代，不需要全靠人手工来处理，这大大减少了女性从事生产劳动的量。家里面水田多，妻子就会帮助丈夫一起从事生产劳动；家里水田面积小，女性可以不用下田，男性完全能够独立完成生产劳动。随着时代的进步，当女性参与生产劳动的任务时，回到家中的丈夫也会为妻子分担一部分家务。当男性独立完成生产劳动时，女性会完成大部分的家务劳动，在承担家庭劳动量方面男女两性的分工更加合理、公平。整体上女性承担的生产劳动量在逐步减少，在家务劳动分工方面，丈夫也会帮助妻子承担一部分，在家庭劳动支配权方面夫妻处于一种平权的发展模式。

　　问："您结婚后的家庭生活主要是怎么安排的呢？家里面的收入靠什么呢？您跟丈夫如何经营您的家庭呢？"

　　W13："结婚了以后就过日子呗，种地啊，家里面基本上就靠种水田，家家户户都这样。本来刚结婚那会我跟你叔说咱们这都没几家开小卖部的，我给你拿钱投资咱们开个小卖部，这样咱家发展得不是快点嘛。你叔不干啊，也不知道咋回事，好像做买卖可丢人了似的，不整，我见他不整也没招啊，那就跟着人家种地呗，就二垧来地，还不知道咋要回来的呢！年轻的时候种地苦，哪有现在这么好，有插秧机、收割机。我家孩子上小学那时一年到头干活从春天干到秋天，春天一暖和马上开始扣棚、育苗，完了插秧、补秧、放水、打药。好不容易秋天了还得雇人拿镰刀割稻子，

一捆一捆的，那累得都要不行了，不过有时候看着一排一排的稻子沉甸甸的，穗子都耷拉下来了，心情也不错呢！那时候种地可是真辛苦，好在身体好，年轻、有力气。现在好了，都是机器，种地没以前那么累了，而且还有补贴。现在两个人一年能挣 7 万块吧，扣去费用日常花销剩下个 3 万块钱吧，有时候孩子念书用钱多也不剩啥，呵呵。"

问："那回家了丈夫帮您做家务吗？"

W13："年轻那时候不帮我干，回来就往炕上一躺，我跟他一起回来，赶紧炒菜做饭，等我炒好菜了，人家已经睡了一觉，然后叫他起来吃饭还不乐意呢！不过年轻时候干活是真累，但是大家都累啊，女的虽然没那么大劲吧，一样的时间，也是能干啥就干啥啊，谁也没比谁少干。这些年岁数大了一点，再一个机器也多，一起回家他也知道帮我做家务了，尤其是冬天的时候我都不出屋的，倒泔水啥的都给他干。"

从上述材料来看，当前农村妇女承担家庭生产劳动量减少，家务劳动分工走向平权模式。虽然传统劳动分工依然以"男主外，女主内"的模式为主，但是在分工的内容上发生了极大的改变。农村妇女开始要求将自己在家庭中的家务劳动与男性的生产劳动进行对比评估，同样都是为家庭作贡献，只要尽自己所能就不能以女性在体力方面的劣势来与男性作对比，认为女性的家务劳动没有男性的生产劳动更有价值的观念经不起推敲。因此，当前农村妇女在家庭中与男性的家庭劳动分工模式，无论是生产劳动分工还是家务劳动分工，都朝更加平等、公正的方向发展。

五、农村妇女家庭地位变迁原因

从上述讨论中我们能够发现，宏观因素与微观因素共同导致了改革开放前后东北地区农村妇女家庭地位的变化。关于农村妇女家庭地位发生变迁的原因，笔者主要从以下几个层次来分析，分别是国家层次、社会层次、家庭层次、个人层次。

（一）"男女平等"等政策的提倡促进农村妇女家庭地位的提高

改革开放至今我国的各项事业得到了很大的发展。一方面，国家大力提倡男女平等的思想。2005 年颁布《中华人民共和国妇女权益保障法》，并把每年的 3 月 8 日定为"妇女节";2012 年 11 月,党的十八大首次将男女平等作为基本国策写入报告,不仅重视妇女地位,而且注重提高妇女在社会中的地位,将女性地位提高到国家政策的高度,为当代妇女地位的提高提供了一个宽松有利的社会环境——当妇女在家庭中的地位与男性不平等时,政策能够作为妇女争取男女平等的依据。另一方面,我国的计划生育政策在东北地区执行得比较严格。据笔者的调查,该农场的计划生育工作从 1979 年开始执行,截至 1995 年该分场独生子女家庭占比达到94.8%。计划生育政策在一定程度上遏制了农村生养男孩的偏好以及传宗接代的思想。妇女不用因没有生育男孩而承受来自家庭内部的压力,客观上有利于妇女家庭地位的提高。计划生育政策遏制了通过多生孩子来生育男孩的行为,没有给人们决定要男孩还是要女孩的选择权,妇女就不会因为自己没有生育男孩而承担没有完成传宗接代任务的责任,也不会因为没有生育男孩而导致自己的家庭地位降低。

问:"您觉得现在年轻的农村妇女在家庭里面地位高吗?"

F1:"我觉得挺高的,现在年轻的刚结婚的小媳妇在家里面都是说了算的,从没结婚开始到对象家来,对象他妈也是人前人后地伺候,伺候好了人家才来当儿媳妇,伺候不好人家还说不干就不干了。前院小韩家儿子的上一个对象不就是嘛,哪次来不是又给买衣服又给买吃的,小姑娘来一回炕上摆的都是吃的,小韩做好饭了人家就吃,吃完了也不收拾桌子也不刷碗,就往炕上一坐看电视,后来彩礼都过了,实在是整不到一起去就黄了,彩礼钱也没要回来。"

问:"为什么现在女的在家里面地位这么高呢?"

F1:"现在媳妇不好找啊!独生子女家家都是一个孩子,爷、奶、爹、妈全家人就围着这一个孩子转,这孩子长大了就特别自私,衣来伸手饭来张口都习惯了,哪像我们这个年代的人,啥都靠自己,指着别人指惯了,轮到自己过日子了还想着指着别人,哪有人给你指啊!现在小女孩少,再加上上大学的上大学,又走了一批,留下来的就美慕人家走出去的,自己能力还不够,憋了吧屈(委屈)的就只能留在农村了,所以根本没几个合适的小姑娘。再说我们厂子又不像别的农村,姑娘爹妈啥也没有,我们厂子的姑娘爹妈大多数都是有退休金的,没有退休金的也比别的地方的强,现在厂子里面姑娘少,别的地方的姑娘还不愿意要,找个对象越来越难,好不容易娶回家的儿媳妇肯定红捧（捧在手心里）的啊！所以啊，现在年轻的小媳妇在家里地位能不高嘛。"

问："那我们这里传统的风气不是应该尊老爱幼、孝顺父母吗？"

F1："这都啥年代了，不欺负你都不错了，孝顺父母那也要有人孝顺啊！现在是一个不小心媳妇都没了还谈什么孝顺啊！我们那时候啊孩子多，老人也多，上面照顾老的下面照顾小的，好不容易等到儿子长大了以为能享福了，谁知道现在小孩成家又这么费劲，好说好商量的到岁数了才愿意结婚。现在的独生子女想法真是跟我们那时候不一样啊。"

从上述材料中能够看出，适龄结婚的农村女青年数量急剧变少，农村男青年在适婚年龄就很难找到合适的农村女青年，婚姻市场结构处于男女匹配不均衡的状况。因此，婚后农村女性在家庭中的地位自然变高。导致农村子女数量变少的直接因素是计划生育政策的实施，独生子女政策的严格执行直接加速了婚姻市场结构中男女性别比例的失调现象，客观上导致农村妇女在家庭中获得较高的家庭地位。但当前的农村妇女家庭地位提高是在特殊的环境背景下形成的，农村妇女并不是由自身能力的变化而争取到的稳定的家庭地位。随着政策的变动，自身的家庭地位也会随之发生改变。因此，当前农村妇女对自身较高的家庭地位应该有一个客观的态度和理性的思考。

（二）家庭收入增加促使农村妇女家庭地位的提高

经济水平的提高直接影响农村妇女家庭生活的变化。物资匮乏的年代，家里的财产管理和支配都要谨小慎微，安排得当。经济体制的转变和国家对"三农"问题的各种政策措施增加了农民的经济收入，农民的物质生活整体上得到了相当大程度的改善，妇女获得了更多的家庭财产支配权，丈夫也愿意将家庭财产交给理财能力良好的妻子管理，这在一定程度上提高了农村妇女的家庭地位。

问："我们的经济生活发生了什么变化吗？"

W18："现在生活条件好了，比以前强多了。虽然都是种水田，我家孩子读小学的时候水稻价钱才五六毛钱一斤，一年下来就够吃够花的，但小孩要上学，家里面要吃饭，平时还要有点零花钱，还要交提留粮，想想全是开支。春天投资育苗的费用还是跟银行贷款的呢，家里面买点啥干点啥都要用到钱，肯定得精打细算啊。那时候我想买一个冰箱都得想半天，有了冰箱可以冻点东西啥的，不至于天天去买肉，不然天天去买肉也贵啊。现在条件好了，水稻价格也上来了，现在的水稻基本上都是一块二到一块五一斤吧，比以前翻了一倍多，而且种水稻还有补贴，不用交税，家里面就富裕点了。现在买个冰箱都不算个啥事，根本不用两口子商量，男的也不管这些事了，都是女人做主了。以前穷的时候啥都是自己干，织毛衣、做鞋，给小孩做棉衣棉裤，现在年轻人哪个还会干这些啊，都是买现成的，又便宜又比自己做得好，还省事，所以说啊经济条件好了才能有女人说了算的事啊。"

（三）家庭结构改变强化了农村妇女在家庭中的话语权

改革开放之前的家庭由于经济不发达，住房紧张，年轻夫妻会跟父母居住在一起，或者居住在相隔不远的地方，家长会对年轻夫妻的生活进行干涉，因此媳妇的地位在大家庭中受到制约，在自己的小家庭中也会受到制约。由于独生子女政策的推进，当前该村的家庭类型以核心家庭为主，考虑到与老人的生活方式和思想观念不一致，夫妻不愿意跟老年人共同居住。家庭结构由以主干家庭为主过渡到以核心家庭为主，这使女性在家庭中的地位发生了改变。在家庭内部，家庭供养方式的变化也影响妇女家庭地位的变迁。传统的家庭供养方式是以家庭养老的模式进行，即老年人丧失劳动能力之后由子女赡养。但是该村很多农村妇女都是本场职工，不是本场职工的妇女也能够享受社会保险。因此，当女性丧失劳动能力之后可以不完全依靠子女或者家中的男性，在经济方面具有独立性，这也有利于女性提高在家庭中的地位。

问："您觉得现在农村妇女家庭地位高吗？"

W3："比以前高多了，主要是现在都单独过日子了，不像以前跟老公公老婆婆要不就住一起，要不就住得近，现在都是家家户户一家三口，离了老公公老婆婆的儿媳妇就自由多了，不然有点啥事还都得看在人家眼里。现在家里面就两口子，大事的话大多数家庭都是男女商量着来，小事男的也不会管，都交给女的管了。自从计划生育政策实行以后，孩子也变少了，家也变小了，吵架比之前在一起过都少了。再一个，那时候场子招工人，女的也招，她们获得工人指标，享受体制内工人待遇，老了都有退休金，女的腰杆也开始硬起来了，在家里面说话也有分量了。"

上述访谈材料中提到的家庭结构的转变让农村妇女脱离了大家庭的约束，核心家庭数量的增加让农村妇女在家庭中获得了更多的话语权，尤其是社会养老保险福利让农村妇女在经济上具有一定的独立性。小家庭从大家庭中的剥离为农村妇女脱离家长的权威提供了有利的环境，因此妇女在家庭中的地位得到了提高。

（四）思想观念转变为农村妇女家庭地位的提升营造宽松环境

个人文化层次变化导致农村妇女家庭地位发生改变，突出表现为农村妇女受教育程度提高，这得益于大众传媒的发展开阔了农村妇女的文化视野。

问："您上过学吗？"

W17："以前啥也不懂，也没上过学，到年纪了就结婚嫁人了，到人家家里过日子，主要听男的，自己也不明白，拿不定主意不听男的听谁的？我主要是不会算账，我倒是想卖点东西，但是不会算账啊！再一个不会写那么多字，有时候人家买东西不给钱要记个账啥的我都不会，啥啥都不会，自己一个人也不能做买卖，就只能春天卖点菜苗，夏天卖点黄瓜、茄子、葱啥的，这个小来小去的我自己能做。"

问："您最多读了多少书啊？"

W23："我就小学五年级，到岁数了看人家小孩都念书，我也去念书，那时候念书可苦了，学习还不好，穿得也不好，学校离家远，要走个半拉小时（半小时）才到学校。夏天还乐意走，有同学一起跟着玩玩闹闹就到学校了。冬天我妈体格不好，她也是有点懒，都不给我们做棉裤，捡哥哥的棉裤穿，实在冷就不去上学了，跟着到五年级就不念了。邻居家小孩有的也念书，有的也不念，反正都差不多小学文化吧。"

问："那关于咱们家生产方面的事，在家里谁做主呢？"

W23："大部分是你大爷做主，不过有时候也听我的。有一年我家水稻得病了，我就跟你大爷说咱家稻子好像得病了，你看每年到这个时候水稻都应该抽穗子了，今年咋就一直不抽穗呢，然后水稻叶子还一片红。然后你大爷就说他去问问，问完了说是稻瘟病，拿了几瓶药回来，我们就把药给打了。过了两天症状还是没啥缓解，我就又让你大爷去问，他说再等等，可能是药效还没到，我就说好像不对劲，今年这稻子病好像跟往年不一样，他也不吱声，就拖着。然后我就心里没底，就去网上查，去问网友，人家说这个病不是稻瘟病，跟稻瘟病症状相似，用稻瘟病的药不好使。然后我就马上跟你大爷说，他也坐不住了，就又跑出去多问了几家卖农药的，人家又给拿了别的药，这会又打上，完了过几天稻子就缓过来了。后来你大爷还说多亏你大娘在网上问来问去的，不然就耽误今年的水稻收成咯！你看现在这网络可真了不得，啥都能知道，这还得了呢！以后有啥事整不明你大爷都让我去网上找找（原因）。"

问："嫂子您是在哪里毕业的啊？跟我哥是怎么认识的呢？"

W9："我跟你哥是同学，那时候基本上咱这小姑娘都是高中文化了，我在二中念的书，三年之后考了一个长春的大专，你哥学计算机专业的，我学美容专业的，后来我俩和同学吃饭，一介绍又是老乡又是校友，我们就在一起了，后来就结婚了。"

问："店里面的事情都是我哥包完吗？嫂子你在店里主要负责什么呢？"

W9："你哥在的时候大多数的事交给他，我就负责招呼一下顾客。你哥不在的话呢有些事情都是我自己处理的。你哥开这个修电脑的店，到处跑给各个地方的人修电脑，时间长短也不确定，一走了就不知道啥时候能回来，有的地方也是第一次去，再加上不知道要修多长时间，所以家里面的事情也等不及跟他商量我这就直接做主了。有时候店里面来人说电脑哪里不好用了，我就帮忙看一下，岁数大的遇到的电脑方面的问题比较简单，我大部分都能处理。一些年轻人遇到的问题，涉及技术性的，重新做个系统什么的，这些我可能不会。再一个，在店里面时间长了，熟能生巧嘛。"

由上述调查能够发现，随着社会的发展，以及我国对教育的重视和对师资的投入，男女平等的思想也体现在教育方面。我国农村女性的受教育程度在不断提高，由改革开放前的绝大部分农村妇女都是文盲，到改革开放后适龄儿童都可以正常上学。笔者所在的农村是以农为本的生产方式，人们固守家园，无论父母能否辅导小孩读书，至少能给小孩提供一个在父母陪伴下读书的成长环境。实行计划生育政策之后，随着小孩数量大幅度减少，家庭供养小孩压力降低，由"放养"转变为"精养"，重男轻女观念也在向男女平等转变。因此，即使是农村妇女也获得了更多受教育的机会和资源。农村妇女由最开始的文盲到小学毕业，再到初中，当前已经基本上扫除文盲，更有一些农村妇女继续深造而受到更高的教育。受教育程度的提高，解放了很多农村妇女的思想，当代的农村妇女也会用头脑来武装自身，更客观地看待自身价值和家庭地位。与此同时，家庭经济收入水平的提高使人们的生活条件日益好转，对追求美好生活的愿望也越来越强烈。网络时代的春风也吹进了农村市场，网络电视、网络电话以及智能手机等电子产品日益普及，人们不仅可以通过网络来购物、消费以及做电商、微商，而且能在休闲娱乐时获得更多的资讯，将资讯通过网络分享给四面八方的亲属。目前农村中电脑的拥有量达到户均一台，智能手机更是随处可见。与笔者聊天的一位60多岁的奶奶都能够使用专门为老年人设计的智能手机与在远方读大学的外孙视频聊天，可见大众传媒的发展极大拓宽了女性的视野，架起了女性连接家外的桥梁，即使当前农村妇女判断一些网络信息真实性的能力参差不齐，但其最起码打开了女性通往外界的一个缺口，女性不再通过家庭中的男性了解家庭外面的世界。因此，无论是主观上妇女受教育程度的提升，还是客观上大众传媒的刺激，都对当前妇女家庭地位的改变起到了一定的作用。

六、结语

改革开放40多年，我国经济、政治和文化各个方面都发生了翻天覆地的变化，人们的私人生活领域也在悄然发生丰富而又多元的变化。笔者通过对农村妇女家庭地位变迁进行研究，将改革开放对私人生活领域的影响与其联系在一起，一方面总结40多年来我国农村妇女家庭地位发生了怎样的变迁，另一方面对改革开放前后农村妇女家庭地位变迁的深层次原因进行探寻。

首先，改革开放前后农村妇女家庭地位随着社会结构变迁发生了改变。笔者通过对改革开放前后农村妇女家庭地位的考察，分别从农村妇女家庭自主地位、农村妇女家庭决策地位、农村妇女家庭支配地位、农村妇女家庭分工地位四个方面进行比较分析，得出结论：改革开放前农村妇女的家庭地位表现为整体上依附男性，改革开放后农村妇女家庭地位有所提高。改革开放之前结婚的农村妇女几乎没有自己的家庭自主地位，传统"男强女弱"的思想烙印导致女人在婚姻自主状况、生育自主状况、发展自主状况方面不能以个人的利益为主，以农业为主导的社会生产方式更加突出男性在体力方面的优势，加固了女性对男性的依附性地位。改革开放至今农村妇女婚姻自主状况发生改变，由父母对子女的婚姻具有一定的话语权转变为农村妇女基本实现了婚姻自主。在生育自主状况方面，改革开放后农村妇女的家庭生育意愿基本上能够实现，农村妇女也有了更多的时间和空间发展自己。在决策地位方面，改革开放前农村妇女以参与家庭中的日常事项决策为主，基本上不参与公共决策；改革开放后农村妇女逐渐参与家庭中重大事项的决策，能够提出自己的意见，并且也能够影响家庭公共事务的决策。在支配地位方面，改革开放前农村妇女没有掌握家庭财产支配实权，改革开放后农村妇女家庭财产支配权提升。改革开放前农村妇女承担部分生产劳动和全部家务劳动，改革开放后农村妇女承担家庭生产劳动量减少，家务劳动分工走向平权模式。

其次，笔者对农村妇女家庭地位变迁的原因进行了分析，认为农村妇女家庭地位变迁主要是由国家层次、社会层次、家庭层次、个人层次的因素造成的。改革开放之后我国的政治、经济、文化都发生了很大程度的变化，农业生产以机械化为主，减少了人工的操作，削弱了男性在体力劳动上的优势。国家倡导的"男女平等"等一系列思想也逐渐显现出实际的效用，辅之以政策性的人口计划，男女性别比例略微失调，在婚姻结构市场中形成"女少男多"的局面，这也是女性家庭地位提高的原因之一。收入方式的多样化增加了家庭收入，加上经济生活水平的提高，给了农村妇女在家庭中可支配家庭收入的机会。农村妇女个人文化素质的提高亦是其家庭地位提高最重要的原因之一。随着国民素质不断上升，农村妇女的受教育机会增多，女性的自主能动性也在增强，加上当前流行的"互联网＋"趋势，让农村妇女开阔了自身眼界，开始重新思考自身的定位，农村女性自我独立意识在不断觉醒。综上所述，改革开放至今东北地区农村妇女的家庭地位已经上升了一个档次。

最后，伴随着生产方式的转变、家庭经济收入的增加、文化观念的转化，当前农村妇女的家庭地位已经发生了质的飞跃，农村妇女掌握的家庭事项决策范围在不断扩大，妇女有了更多按照自身意愿行事的时间和空间，但是在性别格局上，涉及家庭核心问题的决策，大部分农村妇女的意见只是参考，实际决定权依然掌握在男性手中，农村妇女在家庭中的地位仍然受到一定限制。农村妇女家庭地位的提高是一个不争的事实，但是男女家庭地位是否实现了真正意义上的平等依然是一个有待商榷的问题。因此，对农村妇女家庭地位的实质性提高还需要进一步探索。

附录一　访谈提纲

1. 基本情况：姓名、年龄、出生日期、家庭收入状况（人均年收入）、受教育程度（文盲、小学、初中、高中、职高、本科及以上）

2. 农村妇女家庭自主地位状况

（1）婚姻自主状况。

①您跟爱人在结婚之前是怎么认识的呢？通过父母介绍/自由恋爱？

②选定结婚对象是按照您的意愿吗？

（2）生育自主状况。

①关于婚后要小孩这件事情是您说了算吗？

②对于生男孩还是生女孩，您的家里人态度是怎么样的？对您在家庭中的地位有影响吗？

（3）个人发展自主状况。

①您在婚后的个人生活是怎样安排的？

②您学习过什么技能吗？

3. 农村妇女家庭决策地位状况

（1）家庭重大事项决策权。

①平时家里买房、卖房、投资贷款、小孩读书这些比较重要的事情都是谁拿主意呢？

②如果爱人作的决策您不认可，您会坚持自己的想法还是最终会听从爱人的安排？

（2）日常事项决策权。

①一般在家里的琐碎小事，例如购买日常生活用品、洗衣做饭、侍奉老人、给小孩零用钱，都是谁作决定呢？

②爱人对您作决策是什么态度呢？表示满意并支持还是会提出自己的意见？如果意见与您的意见不合，一般会如何处理呢？

（3）公共事务决策权。

①村子里有一些重要的事情都是男人开会作决定是吗？家庭妇女会参与进去吗？

②日常生活中有红白喜事需要一个家庭出一个代表的情况下，一般是男人去还是女人去呢？如果女人去会不会被其他人说闲话呢？

4.农村妇女家庭支配地位状况

①家中的存款、现金一般由谁掌管呢?

②如果您要用钱的话是直接自己决定还是要跟爱人商量呢?

5.家庭分工地位状况

①一般家中洗衣做饭、带小孩、喂牲口这些家务都是由谁来做呢?

②如果您不想做家务的时候爱人会不会帮您分担呢?如果家里面是男人做家务,邻居知道后一般是鼓励还是笑话呢?

附录二　访谈对象简要信息

编号	性别	年龄	结婚时间	子女数量	子女性别
W1	女	24 岁	2015 年	1 人	0 女，1 男
W2	女	27 岁	2011 年	1 人	1 女，0 男
W3	女	31 岁	2012 年	1 人	1 女，0 男
W4	女	33 岁	2008 年	1 人	1 女，0 男
W5	女	34 岁	2008 年	1 人	0 女，1 男
W6	女	36 岁	2001 年	1 人	1 女，0 男
W7	女	38 岁	2003 年	1 人	1 女，0 男
W8	女	39 岁	2004 年	1 人	1 女，0 男
W9	女	43 岁	2000 年	1 人	0 女，1 男
W10	女	45 岁	1998 年	1 人	0 女，1 男
W11	女	46 岁	1997 年	1 人	1 女，0 男
W12	女	47 岁	1999 年	1 人	1 女，0 男
W13	女	47 岁	1996 年	1 人	0 女，1 男
F1	男	52 岁	1991 年	1 人	0 女，1 男
W14	女	55 岁	1991 年	1 人	1 女，0 男
W15	女	54 岁	1991 年	1 人	1 女，0 男
W16	女	55 岁	1991 年	1 人	0 女，1 男
W17	女	55 岁	1989 年	1 人	0 女，1 男
W18	女	57 岁	1986 年	2 人	1 女，1 男
W19	女	65 岁	1971 年	4 人	0 女，4 男
W20	女	67 岁	1969 年	6 人	5 女，1 男
W21	女	68 岁	1970 年	6 人	1 女，5 男
W22	女	68 岁	1970 年	2 人	2 女，0 男
W23	女	68 岁	1968 年	2 人	0 女，2 男
W24	女	72 岁	1966 年	2 人	2 女，0 男
W25	女	72 岁	1962 年	3 人	1 女，2 男
W26	女	73 岁	1965 年	3 人	1 女，2 男
W27	女	75 岁	1961 年	4 人	4 女，0 男
W28	女	77 岁	1959 年	5 人	1 女，4 男
W29	女	80 岁	1957 年	7 人	3 女，4 男